やる気1%から始める

やせる養生

10kgやせた漢方家と20kgやせた美容家が考えた

漢方家 櫻井大典
美容家 本島彩帆里

JN050242

Gakken

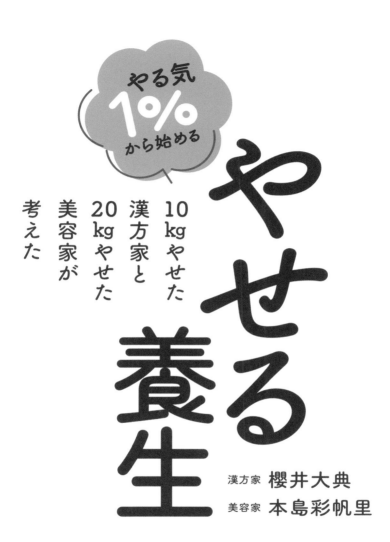

養生《ようじょう》

体質や体調に合わせて
食事などの生活習慣に気を配り、
体と心の状態をととのえること

やせる養生《ようじょう》

体質や体調に合う〝やせ方〟を知り、
無理せずゆる〜く実践して、
体も心も健康的にやせること

BEFORE

1年3か月で
-20kg

美容家
本島彩帆里

BEFORE

1年で
-10kg

漢方家
櫻井大典

本島彩帆里

あなたは今、こんな思いを抱えていませんか？

- いろんなダイエット法を試したけど、なかなか変化を感じられない
- 頭ではわかっているけど、悪習慣がやめられない
- 自分に厳しい声をかけがち。できてないことばかり目につく
- 変わりたいけど、どうせ変われないとどこかあきらめている

これらは、私（本島）が
以前ダイエットをしていたときに苦しく思っていたことの例で、
もしかしたら、この本を手に取ってくださったみなさんも
同じように感じたことがあるかもしれません。

以前の私は「生まれ変わりたい！」くらいまで思っていたし、
いつも自分を否定しながら、周りの〝普通〟を自分に押しつけていたし、極端で、
自分をコントロールしようとがんばっては、心身のバランスを崩してリバウンドする
という悪循環に陥っていたと思います。

コンプレックスだらけでどんどん卑屈になり、自分のこともイヤになる一方でした。

でも、あることをきっかけに、数々のダイエット法を自分に押しつけるのではなく、

自分のリズムやペースを尊重して

「これならできるかも」と思える小さな選択を

自分に提案できるようになったんです。

それから、私は〝自分との付き合い方〟が根本的に変わっていきました。

（詳細は本編で）

キツい、ツラいダイエット法は、全部やめました。

そんなことをしたら、逆に太りそうですよね。でも実際は――、

体重が少しずつ、でも確実に減って、

体と心まで健康的にやせられたんです！

櫻井大典

やせたいと思ったとき、
誰もがすぐに思いつくのは〝食事制限〟でしょう。
食べる＝太ると、多くの人が考えています。

でも、それは本当に正しいのでしょうか？

どんなものを食べるときでも、まずカロリーを気にしたり、
糖質制限しなきゃと主食の量を減らしたり、
すごく食べたいお菓子を我慢したり、
糖質や脂質の吸収を抑えるというサプリメントに頼ってみたり……。
それでダイエットに成功していたら、今こうしてこの本を読んでいませんよね。

「つい食べ過ぎちゃうんです……」

という方もいらっしゃるでしょう。

僕（櫻井）もそうだったので、よくわかります。
ストレスの多い日々の中で、食事くらいは自由に楽しみたいですよね。

大丈夫！
食べることに罪悪感を持つ必要はありません。

僕は中医学を学ぶ過程で食養生《しょくようじょう》（食事で体を健康にする方法）を知り、
食事をちょっと変えただけで、ダイエットに成功しました。

ツラい食事制限は一切なしの方法です。
（詳細は本編へ）

むしろ、ちゃんと食べなきゃやせません！

食べる＝やせるが、
ダイエットの真実なのです。

この本を手に取ってくださり、
ありがとうございます。

櫻井大典

本島彩帆里

本島 心と体に寄り添うセルフケアをお伝えしている、美容家の本島彩帆里です。

櫻井 実践しやすい、ゆるい養生をお伝えしている、漢方家の櫻井大典です。今回、ご縁があってご一緒させていただくことになり、うれしく思っています。

本島 私も、漢方には以前から興味があったので、ご一緒できて光栄です。さっそくですが、巻頭にお互いの思いを大きな文字で書かせていただきましたね（笑）。

櫻井 はい。でも、まだ信じられない方が大多数だと思います。普段、僕が行っている漢方相談でも「食べないとやせませんよ」ということはお伝えしているのですが、〝食べる＝太る〟という考えをなかなか変えられない方が多いので。

本島 そうですよね。私も以前は、〝食べる＝太る〟だと思っていました。食べたいと思う自分を責めて、結局は我慢できず食べてしまう……。でも、無理なくやせることができた今ならわかります。〝ちゃんと食べる＝やせる〟ですよね。

櫻井 そうなんです。ダイエットがなかなかうまくいかないという相談もよくあるのですが、実際やせるためにどんなことをされているのかを聞いてみると、「うーん、それではやせないですね……」と思うことも多くて。

本島 がんばってがんばって、我慢を続けている方がとても多いですよね。

櫻井　はい、みなさん必死で努力していらっしゃる。でも、その努力の方向性が間違っている場合もあって、やせるどころか不調を招いていることも多いんです。

本島　そういえば私も、無理なダイエットをしていた頃はいつも疲れていたし、便秘やむくみにも悩まされていました。今のほうがあの頃よりずっと元気です！

櫻井　体も心も健康にやせていくのが、正しいダイエットですよね。僕自身、20代の終わり頃に今より10kg太っていましたが、食事への意識を少し変えただけで、ストレスなくやせられました。そんな経験も踏まえて、「自分を追い込んでツラい思いをしなくてもやせられるよ」ということを伝えたいと思っています。

本島　わかります。私も何度も極端なダイエットにトライして、でもうまくいかずリバウンドを繰り返していたので、「じゃあ結局、自分がストレスなくできることってなんだろう？」と考えたんです。「ストレスに耐えよう」じゃなく、「ストレスなくできることを増やしていこう」って、考え方を１８０度変えました。そうしたら、やせることができて、リバウンドもしなくなったんです。

櫻井　そうですよね。具体的な方法はこの本の中で詳しく紹介するとして、今度こそやせたい、もうリバウンドしたくない、という人にまず知ってほしいことは――、

ダイエット
成功の秘訣は、
がんばらないこと！

櫻井　がんばってもやせられないから困っているのに、〝がんばらない〟ことが秘訣だなんて、信じられないかもしれません。でも、がんばらなくていいんです。むしろ、がんばりすぎちゃダメなんです。

本島　ここでいうダイエットを〝がんばる〟とは、食欲を極端に我慢したり、生活習慣を急に変えたり、今までやっていたことをいきなりやめようとするなど、ダイエットのために今の感覚や生活を犠牲にして、負荷をかけすぎてしまうことです。ダイエットのためだけじゃなくても、日常の中で自覚しているよりずっと、体と心が無理をしていませんか？　ダイエットを継続できなかったり、暴食してしまったりするのは、無意識のうちに無理をするのがクセになっていることが原因のひとつかもしれません。

櫻井　そう。かつての僕のように「食べ過ぎちゃう」という人も、決してがんばってないわけではないんです。なぜ食べ過ぎてしまうのか、を振り返ってみましょう。その根本原因に、普段の生活でのがんばりすぎが隠れていませんか？　人間関係で疲れていたり、仕事や家事で忙しすぎたりしませんか？　がんばっている人ほど、自分の日頃のがんばりや無理に気づけないものなんです。

あなたの今の状態を診断してみましょう

もしかしたら気づかないうちに
無理してるかも？
に気づくチェックリスト

- □「食べ過ぎた」と感じたら、その後の食事を抜いたりして調整する
- □「すぐに結果が出ないと意味がない」と思っている
- □ スイッチが入ったように暴食して後悔することが多い
- □「ダイエットは多少無理しないといけない」と思っている
- □ お菓子が好きで、そのぶん、ご飯を減らしている
- □ 人からのお願いごとや誘いを断るのが苦手
- □「結果がすべて」だと思う
- □ 体重が0.5kg増えただけでも気になる
- □ スケジュールが空いていると埋めたくなる
- □ 完璧にできないと自分を責める

本島　いかがでしたか？　チェックが多いほど、〝がんばるために自分に無理をさせてしまいがちな人〟です。

櫻井　チェックの各項目については、本編で説明していきますが、たくさん当てはまった人は、まず「私、がんばりすぎていたんだ……」と気づいてください。

本島　そう！　自分基準の「がんばった」「がんばってない」で判断せず、事実に着目してみましょう。例えば、〝三日坊主〟は、事実に着目すれば〝3日できた〟なんです。少し休んで、3日できることを再開してもいいし、もっと長く続けたいなら、自分と相談しながらやる内容を調整していくことが大切です。

櫻井　やる内容が今の体調や自分の体質に合っていないと、続けるためにすごく努力が必要になるし、いくらがんばってもやせないという悪循環になりますからね。

本島　自分の傾向がわかれば、ダイエットの大きなヒントになります。この本で、がんばったり無理しなくてもできることを見つけていきましょう。ここまでで読み疲れた方は、「今日はここまで読めた◎　だからここで終了」でもOKですよ。

櫻井　ダイエット中も、ゆる～い気持ちを大事に。ほかの人と比べたりもしなくていいです。あなたにピッタリな方法を選んで、体も心も健康的にやせていきましょう。

自分に合った方法で、無理なくやせられる！

やせる養生ってどんなダイエット？

START

自分の体と心の状態を知る

1 体質を知る

➡ PART 1

▼

自分の心と向き合う

2 やせメンタルになる

➡ PART 2

▼

自分の状態に合うダイエット法を実践する

3 ちゃんと食べる

➡ PART 3

4 やさしく触れる

➡ PART 4

▼

自分に合った方法だから

ラクラク続けられる

変化や効果を感じやすい

体も心もストレスフリー

▼

健康的にやせられて、リバウンドしない

GOAL

自分に合わない方法だと

がんばらないと続けられない

変化や効果を感じられない

ストレスで心身ともに不調に

▼

挫折したり、一時的にやせてもすぐリバウンド

やせる養生の4つのポイント

1 体質を知る

ダイエット成功に欠かせないのは、まず自分の“今の体質”を知ること。人それぞれ体質は違い、自分の体質に合わないダイエット法を実践してもうまくいきません。体質チェック（P42～）をすれば、今の体と心の状態や太った原因が明らかになり、何をどんなふうに食べればやせられるのか、どんなボディケアが有効なのかがわかります。

2 やせメンタルになる

これまでにダイエットに挫折したことがあるなら、もう一度ダイエットを始める前にメンタルの状態に目を向けてみましょう。がんばりすぎる傾向があったり、自分を否定しがちだったり、メンタルが不安定な状態ではスムーズにやせられません。まずは自分の心の声を聴き、ダイエットがうまくいくやせメンタルを育みましょう。

3 ちゃんと食べる

“食事の量を極端に減らす”“低カロリーのものしか食べない”といったダイエット法は不調を招き、一時的にやせてもリバウンドしてしまいます。カロリー計算は不要、糖質を気にしてご飯を控える必要もなし、おやつだって食べてOK。体質に合わせた食べ物・食べ方を意識して体の内側から養生すれば、おいしく食べてやせられるのです。

4 やさしく触れる

体の外側からの養生として、自分の体にやさしく触れてみましょう。それだけで体と心の声に敏感になれるので、やせやすいメンタルの状態になり、ダイエットを無理なく継続できるようになります。体質ごとにトラブルが起こりやすいパーツをマッサージしたり伸ばしたりすれば、サイズダウンが実感できて、むくみ・こり・冷えなどの不調も改善します。

本書で紹介している養生法（食事・マッサージ・ストレッチなど）を実践するにあたって不安や疑問のある場合は、かかりつけ医や専門家へご相談ください。とくに、妊娠中・授乳中の方、食物アレルギーのある方、持病のある方、病気や怪我の治療中の方は、事前に医師の判断を仰いでください。

CONTENTS

PART 1

「やせる養生」は体と心の状態を知ることから

PART 2

もう挫折しないためのやせるメンタルのつくり方

PART 3
体と心を内側からととのえる食養生

PART 4 体と心を外側からととのえるボディケア

PART 5 日常生活でできる 生きてるだけで「やせる養生」

PART 1

第1章

「やせる養生」は体と心の状態を知ることから

やせるための第一歩は、実は〝自分を知る〟ことです

本島 漢方相談で相談者さんに「やせたいんです」と言われたら、どう答えますか？

櫻井 そうですね、「ではまず、今の体調と体質から調べていきますね」かな。

本島 なるほど、やっぱりそれが先なんですね。

櫻井 はい。この本を手に取ってくださった方は今、「どんな方法なの？」「何を食べればいいの？」と気持ちがはやっているかもしれませんが、それよりも先に今の体調と体質を知っていただきたいんです。

本島 そうするとやせやすくなるんですか？

櫻井 はい、中医学でいう体質とは、生まれ持った傾向に加えて、日々の食事と生活習慣からつくられるもので、体質に偏りが生じることが太ってしまう原因のひ

とつだと考えるんです。だから、自分の体が今どんな状態かを知り、その偏りを改善していくと、結果的にやせやすくなるんです。

本島 自分の状態を知ることが大事なんですね。人によって体質は違うのに、同じものを食べれば、全員が同じようにやせるわけではないですもんね。

櫻井 まずこの章（P42〜）で体質チェックをしてみると、自分の体質がどう偏っているのかを把握できます。すると、後ろの章で紹介している食べ物やボディケアなどの中から、どれを取り入れるといいかがわかります。

本島 自分にピッタリのやせ方、見つけたい！ それに体質はもちろん、自分にできること、自分の限界を知ることも大切ですよね。以前の私は、〝食べない〟〝無理してがんばる〟といったダイエットを繰り返し、挫折するたびに〝私ってダメ〟と自分を責めていました。でも、実際にやせられたのは、食べ方、ボディケア、生活習慣などを厳しく制限するのをやめ、「どんなことなら今できそう？」と自分と相談しながら小さくてもできることを行うようにしてからです。

櫻井 そうですね。メンタルも体質に大きくかかわるので、心の声に耳を傾けてみることも大切です。そうやって自分を知ることが、ダイエットの第一歩なんです。

やる気1％でも ダイエットがうまくいく理由

「よーし、今日から本気でダイエットする!!」と決意して、食べ方や生活を急に変えようと意気込んでいる方、ちょっと待ってください。やる気100％で本書を一気読みして、すべてを完璧にやろうとする必要はありません。まずはやる気1％で、もくじを見て気になったページだけ眺めたり、体質チェック（P42～）だけやってみて、今のあなたの体と心の状態をチェックすることをおすすめします。

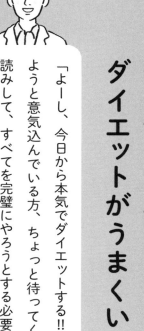

自分の体と心の状態を知ることは、山登りの前にまず準備をすることと同じ。**体と心をととのえて、〝やせ体質〟〝やせメンタル〟になることを優先**しましょう。そうなってはじめて、やる気と実行が結びつき、結果につながります。

僕は養生を伝えるにあたり、〝ゆるく〟を大事にしています。なぜなら、**養生をガチガチにまじめに実践しようとすると、続かない**から。その〝ゆるく〟の中に、やる気1％からできるものもたくさんあります。例えば、よく噛んで食べることを意識したり、自分の体質に合った食材が含まれるメニューを選んだり、10分だけ早く寝たり。「やる気、出ないなぁ……」と思いながらこの本をめくってみて、「これならできるかも！」というものが見つかったら、ひとつだけでもやってみる。それくらいのテンションでいいんです。自分に合ったペースで、ゆるく続けていきましょう。

やる気が出ない日にも、「ダイエット中なんだから！」と無理してエクササイズに励んだり、食事制限を続けていたらどうなるでしょう。早くやせるどころか、いつの間にか調子を崩したり、暴食を招いてリバウンドの原因に。なぜなら、体調や気分は、日々変化するものだから。ずっと一定レベルのやる気でいることを前提にすると、負担になる場合も多いんです。**体と心の状態には波があるので、やる気１％のときはやる気１％で取り組める〝今できること〟をしてみましょう**。

例えば私は、アロマを焚《た》いたり、ゆっくりお風呂に浸《つ》かったり、やる気１％のまま、自分が癒《い》やされることをしています。実は、**休息をとることも体と心のためにできる重要なセルフケア**。休めば体と心が回復し、やる気がわいて取り組めることが増えていきます。それを積み重ねれば習慣そのものが変化して、無理なくやせられます。

なんとなく不調を抱えたままではダイエットはうまくいきません

前のページでお伝えしたとおり、やせるためにまず必要なのは、食事でも運動でもなく、自分を知ることです。自分の体のこと、どんな体質なのかはもちろん、普段の行動や考え方の傾向など、自分のことをもっと知り、気づくことが実は重要なのです。

なぜなら、中医学の考えでは、**体と心の両方が健康な状態であることが、やせやすい体の一番の条件**だからです。

体が必要な量の栄養をきちんと摂《と》れていて、巡りのいい状態であれば、消化吸収や排泄《はいせつ》をしている臓器もきちんと働き、ぐっすり眠ることができます。そんな状態であれば、心身ともに健康で代謝のいい太りにくい状態を維持できます。

逆に、何か不調を抱えているということは、栄養が偏り、体内の巡りは悪くなっているということ。不要物を溜め込みやすく、代謝が悪い状態なので、そんな状態のままダイエットに取り組んでもうまくいきません。

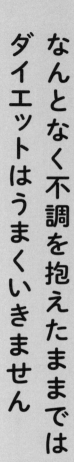

体や心のちょっとした変化、不調に早めに気づき、まずはそれを解消するほうがダイエットはうまくいくし、またやせにくい体になるのを防ぐことができます。

ところが、自分の体のことをよくわかっている方は、多くありません。寝起きにだるさを感じたり、便秘や肩こり、重い生理痛などがあるのは不健康な状態です。**今の自分の体の状態を把握し、また、P42〜の「肥満タイプがわかる体質チェック」で自分の体質がどんな傾向なのかを知るだけで、やせやすい体をつくっていける**のですから、もっと自分の体の声に耳を傾けてもらえたらと思います。

私も実際、今の自分の状態に意識を向けたり、生活習慣や考え方のクセに目を向けるようになって変わりました。**自分のことを知れば知るほど、無意識のうちに無理することが減り、ダイエットのためにできることが増えていきました。**

体も心も、まず知って、〝今〟に気づくことから。そうすれば、今の自分に無理なことを押しつけたりせず、寄り添うような選択を積み重ねられます。そして、心と体は常に一定ではありません。変化し続ける自分に、いつも〝今はどうかな？〟と問いかけて、気づいていくことから始めてみてください。

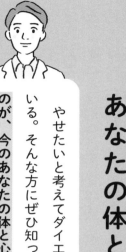

今日食べたものが あなたの体と心をつくります

やせたいと考えてダイエットに挑戦しているのにうまくいかず、挫折を繰り返している。そんな方にぜひ知ってほしいことがあります。それは、**これまで食べてきたものが、今のあなたの体と心をつくっている**ということです。

大好きなお菓子は減らしたくないから、代わりにご飯を減らして１日の摂取カロリーを抑えれば大丈夫、と考えたりしていませんか？　太りたくないからと、カロリーゼロや糖質オフと書かれた食品や飲料ばかりを選んでいませんか？　いずれも太る原因ですし、健康な体のためにもよいとは言えません。（詳しくはＰ１３３、１３４）

「食べ物が体をつくる」と頭では理解していても、毎日何を食べているか明確に答えるのって意外と難しいですよね。まず**実際に、書き出してみることで、事実を客観的に振り返ってみましょう**。朝昼晩の３食だけではなく、飲み物も間食もです。

そうすると、**思っている以上にダイエットのために意識できそうなことが見つかる**かもしれません。私も自分の食事記録を細かく書いてみてはじめて、気をつかって食べているつもりでも1日で見ると栄養が不足していたり、実は食べ方に太るクセがあったり、無意識に選んでいる食べ物があることがわかりました。

食べ物は体をつくるのはもちろん、心にも大きく影響を与えます。**食べ方や食べるものの種類で、体だけでなく心まで不調になることもある**のです。

なぜなら、中医学の考え方では、体と心は表裏一体で密着しているからです。

「ストレス解消のために食べてるから、心のためになっている」と聞くことがありますが、多くの場合それは勘違いです。おいしいものを食べれば、たしかにそのときは多幸感に満たされます。ですが、**ドカ食いしたり、甘いものを摂りすぎたりすれば、やがて体が不調になり、連動して心も不調に**なっていきます。

また、やせたいからと低カロリーの食べ物だけにしたり、極端な糖質制限をすると、一時的に体重が減ったとしても、栄養不足で徐々に体と心が不調になっていきます。

だからこそ、**食事制限による短期間のダイエットはリバウンドしやすい**のです。

10kgも太ったのに、「問題ない」と思っていました

食べ物と体と心はつながっていることを知りましょう――、とみなさんにお伝えしながら、かくいう僕も、20代の終わり頃は好きなように食べたり飲んだりしていたので、今より10kg以上も太っていました。

もともと体重が増減しやすいタイプなのですが、そこまで太ったのはそのときがはじめて。子どもの頃はどちらかというと体の弱いやせ型でした。高校の途中から大学にかけてはアメリカに留学していたのですが、その間は日本にいるときよりも食生活のバランスは悪い状態。ですが、並行してずっとスポーツをしていたこと、そのおかげで筋肉量が多く体脂肪率はひとケタ台だったことなどが幸いし、ファストフードやお肉が多めの食生活が続いても、留学中に極端に太ることはなかったのです。

ところが、日本に戻ってきて、中医学の勉強をするために寮生活を始めてからは生活が不規則になり、同世代の友人たちと一緒に住んでいたこともあって、毎日のようにお酒を飲む生活に。勉強のストレスもあり、毎日お酒を飲み、味の濃いものを食べ、お菓子も好きなだけ食べる……という状態になりました。

そんな生活を続けていたら、短期間で太りました。当然ですね。自分で「太ったな」ということはわかっていたのですが、若さのおかげかすごく体調が悪いということもなかったので、「不調になったから太った」という実感がありませんでした。正直、そんなに大きな問題ではないと思っていたんです。

ただ、今振り返って考えると、お腹の調子が悪いのが当たり前になっていて、下すことも多かったですし、常に眠くて、倦怠感がありました。その頃の食生活が自分の体に合っていなかったのに、自分ではとくに問題ないと思っていたんですね。

自分の体からのサインに気づいていませんでした。

何か自分の体に合っていない生活・食事をしていれば、体は必ずサインを送ってくれています。それが「太る」という見た目にあらわれる場合もあるし、「だるい」「疲れがとれない」「下痢が続く」などの症状として出る場合もあります。

あなたの今の体の状態はどうですか？　体からのサインに耳を傾けてみましょう。

〝余分なもの〟を減らしただけで、スルスルと体重が落ちました

そんな状況で、太ったけれど「絶対にやせなければ！」と思っていたわけではなかったのですが、当時、研修先の漢方薬局に中医養生の高名な先生がいらっしゃり、その先生の食養生の話に感化されたことが、やせるきっかけになりました。その先生から、「君は食を冒とくしている、無駄に食べているし、食に対する感謝もない」と言われたことで、自分の食生活を振り返り、「たしかにそうだな」と実感したんです。

じゃあ、先生の言う食養生を実践してみよう、と薬局の店長と一緒にチャレンジを開始しました。「ダイエットするぞ！」というよりも、「食養生を徹底して実践してみよう」という実験感覚でした。どんなふうに実践したのかというと、**基本的な考え方は、「無駄なものを食べない」**ことです。

では、自分にとって〝無駄なもの〟って具体的にはなんだろうと考えてみました。一番に気がついたのは、朝食から昼食までの間が3時間ほどしかないのに、朝食を食

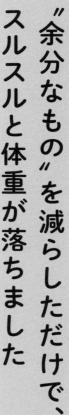

べ過ぎているなという点です。その頃の朝食は、甘いクリーム系のパンと、ソーセージやベーコンなどが入った惣菜パン、甘くて冷たいコーヒー牛乳というメニューがお決まりになっていました。その後の昼食では、あまりお腹が空いていないにもかかわらず、揚げ物やお肉などの油っこい料理、大盛りのご飯を平らげていました。

そこでまず朝食を変えました。目が覚めて12時まで体を動かすのに必要なぶんだけ摂ればいいと考え、ミニトマトと紅茶（生レモンをしぼりハチミツを加えたもの）だけに。昼食も、必要以上に油っこいものが〝無駄なもの〟だと考え、内容を変えました。ほうれん草などのおひたしを持参し、おにぎりを2個と、コンビニのおでんの卵や大根、インスタントの味噌汁や豚汁を買う、といったメニューに。とにかく**朝と昼は油っこいものは摂らず、量も食べ過ぎない、を基本**にしたのです。夜は、飲み会にも行くし、野菜はたくさん摂るように意識しつつ、普通に好きなものを食べていました。だからこそ、朝はあまりお腹が空かなくてミニトマトと紅茶だけで十分だったし、何より**これは食べてはダメというしばりがないのでストレスフリー**でした。

そんな食生活を一年間続けていたらゆるやかに体重が落ちていき、気づいたら10kgやせていたのです。それ以降、リバウンドなども起きていません。

特別な方法を試すより、太るクセをやめるほうが効果アリ

私は思春期から不調に悩まされていたし、太ってはやせての悪循環で、自分の体型も肌も、ダイエットが続かない根性のない性格も大嫌いでした。

「やせたい」「生まれ変わりたい」と言いながら、いろんな方法に挑戦しては失敗し、報われない出口のないダイエットがしんどくて、「私ってダメだ、こんなにがんばってるのに……。もうヤダ！（自暴自棄）」→暴食、というのを繰り返していたのです。メンタルのアップダウンもとっても激しかったです。

そこからどうやってやせたのかというと、厳しい食事制限をしたり、何か特別なサプリを飲んだりしたわけではなく、**〝太るクセを徐々に調整してやめた〟**のです。

〝太るクセ〟とは、生活の中で、行動、考え方、選び方などが太ることにつながってしまっている習慣のこと。〝クセ〟なのでとくに深く考えずに行っているため、自分ではそれが太る原因になっていると気づいていないことがほとんどです。書き出して

みたら、私にはそういう〝クセ〟がたくさんありました。

そこで、何かを選ぶときに、カロリーばかり気にするクセをやめて原材料を見るようにしたり、お菓子はついお得サイズを買ってしまうクセをやめて量が少なくても満足できるものを吟味したり、コンビニで添加物の多いパンを買うのをやめてパン屋さんで買うようにしたり、できることから少しずつ調整していきました。

そういった**〝太るクセ〟をひとつずつ調整し、〝やせるクセ〟に転換していったら、1年3か月で20キロやせることができました。**

やせたくてエステやサプリにお金を注ぎ込んでいた時期よりも、習慣そのものに目を向けて、やりすぎていた〝太るクセ〟に気づいて、それをやめていったほうが、私は健康的にやせることができました。

「こんなにがんばってるのにやせないなんて私って不幸だ。それに根気がないからダメなんだ……」。万年ダイエッターだった頃はそんなふうに考え、自分の生活の中に〝太るクセ〟がたくさんあるからだとは思っていませんでした。

いろんな方法を試しているのに効果が出ない……、そんな人は日々の習慣の中に〝太るクセ〟が隠れていないか、普段の行動をちょっと振り返ってみてください。

意識改革をきっかけにはじめてダイエットに成功

やせるためにも健康な体と心のためにも、「食べるものってものすごく重要なんだ」ということを本当の意味で理解したのは、妊娠がきっかけでした。学生の頃から見た目がコンプレックスで、たいていの流行りのダイエットにはトライしていましたが、カロリーは気にしても、食事の内容（質）や食べ方には意識が向いていなかったので、やせやすい代謝のいい体になるための食事ではなかったと思います。

その後エステサロンで働き始め、やせるための知識を学んだのですが、忙しいことを言い訳に自分の食生活はなかなか改善しない状態のまま。

例えば、一番パンパンだった頃は、朝は揚げパンとサンドイッチと甘くて冷たいカフェオレ。ランチまでの間にチョコをつまむ。ランチは、ハンバーグ弁当＋ポテトサラダのようなメニュー。もちろんデザートも食べて、またカフェオレを飲む。7時すぎに仕事が終わったら、帰る途中にまた甘いカフェオレとエナジーバーのようなものをちょい食べ。帰ってからの夕食は、時間も遅いから春雨スープならヘルシーだよね、とダイエットのために我慢。それなのに夜中にお腹が減って何か食べてしまう……ということが多かった気がします。疲れた日はとくに、ごほうびといって甘いものやパンなどを食べすぎる傾向にありました。今あらためて考えてみると、飲み物も含めて甘いものがとにかく多く、栄養のバランスも偏っています。

やせたり太ったりを繰り返し、体も心も不安定なまま無理をして、体調を崩してしまい仕事をやめました。その後、妊娠したときに、もっと体に目を向けなきゃと1冊の健康本を読んだのですが、その内容に「え、こんなに当たり前に売ってる食品に、体にとって害になるものがいっぱいあるの!?」と衝撃を受けました。これまで続けていた食生活や生活習慣が、いかに体に負担をかけているかを知ったんです。

その本に書かれていた内容を自分でも調べては実践し、〝私の食べたものが血となり肉となって、私だけでなく子どもの体もつくっていく〟ということがわかったら、選び方が少しずつ変わっていきました。そこで産後は、**「一気にダイエットするぞ!」ではなく、体が喜ぶこと、自分ができそうなことをちょっとずつ、そのときできることを探してやってみることにした結果、リバウンドなくやせられた**んです。

消化吸収もメンタルの安定も、すべては〝気血水〟の状態次第

なかなか体重が減らなくて悩んでいる方に知ってもらいたいのが、中医学での体のとらえかたです。

西洋医学では風邪は内科、腰痛なら整形外科と、症状ごと、部位ごとに分けて考えることが多いですが、中医学では体全体のつながり、関連性をみます。

その関連性の考えのもととなるのは、**体は「気血水（きけつすい）」というもので構成されている**、という考えです。どういうものか、簡単に説明しましょう。

気とは、体を動かすためのエネルギーのようなものです。体そのものや臓器を動かす、体の中で食べ物を分解・消化する、尿や便を作る、体を温める、病気から体を守るなど、何かを動かしたり変化させたりするための根本的なエネルギー。不足すると元気もなくなるし、消化吸収もうまくできなくなっていきます。

血は、「ち」ではなく「けつ」と読みます。血は、血管内を流れる赤い液体のことで、

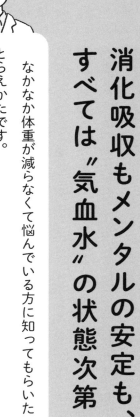

体の各部・器官・細胞へ栄養を運んでいます。一般にいう血液とほぼ同じものを指すのですが、大きな違いは、血（けつ）には精神安定作用があるという点です。ですから血が不足すると、不安感が強くなるなどメンタルにも影響が出てきます。

水は、「みず」ではなく「すい」と読みます。これも液体ですが、血以外の体内の水分すべてのことを指します。体の中のうるおいの総称で、「津液（しんえき）」「陰（いん）」とも呼ばれます。不足すると体が乾燥し、肌がかさついたり、のどが渇いたり、便秘になったりします。

気血水が過不足なくきちんとあり、常に動いて体内を巡っているのが健康な状態と考えるのです。ですから**太った場合は、気血水のいずれかが不足していたり、いずれかの動きが滞っている**ことが主な原因である、と考えます。

気は食べ物と呼吸から、血と水は飲み物・食べ物から生まれます。ですから、3つとも飲食物や生活習慣の影響を大きく受けます。

食生活や生活習慣が大きく偏れば、気血水も足りなくなったり過剰になったり、動きが滞ったりして、その結果不調にもなれば、太ったりもするのです。逆に言えば、**気血水がととのった健康な状態であれば、やせられる**ということです。

気血水の量と流れがととのえば、どんな人でも自然にやせていく

太ってしまう基本的な原因は、みなさんよくご存じですよね。そう、体が消費・排出する量よりも、摂取するもの（飲食物）の量が多いからです（薬の副作用などによる場合は除く）。けれど、気血水の状態によって、体の消費・排出量が左右されるということは、知らない方も多いのではないでしょうか。

気血水の量や巡りが悪いと、本来排出されるべきものが排出されにくくなり、体にとって余分なものを溜め込んでしまいます。逆に、気血水の量が過不足なくあり、きちんと全身を巡っていれば、消費・排出も正しく行われます。つまり、**気血水の状態がいい人は、悪い人と同じ量を食べても太りにくいし、やせやすい**のです。

とはいえ3つすべてが過不足ない量で、滞りもまったくない、という人は、現代人には多くはありません。

たいていの人は食生活や生活習慣の乱れが原因で、気血水のいずれかが足りなかったり、過剰だったりします。また、気血水の量が過不足なくあるとしても、生活の乱れによって流れが悪くなって、体のどこかでつっかえて停滞すると、気血水のうまく届かない場所は機能が悪くなってしまいます。

足りない、多すぎる、滞っているということは、何か病的な状態であると考えます。**病的な状態だからこそ、不調や病気、肥満を招く**のです。

気血水は、食事などの生活習慣と関係するので、1か月くらいでもその状態が変化したりします。ですから、自分に不足しているものや多すぎるものがないか、滞っているものがないか、**月に一度は体質チェック（P42〜）して今の体の状態を知り、気血水のバランスをととのえれば、ダイエットがうまくいく**ようになるのです。

また中医学では、気血水と関連して私たちの体を動かす働きと機能を、肝《かん》・心《しん》・脾《ひ》・肺《はい》・腎《じん》の5つに分けて「五臓（ごぞう）」と呼びます。

五臓が気血水を作って全身に巡らせ、気血水はこの五臓を動かす栄養源になるという相関関係にあります。

健康で余分な脂肪がついていない体を手に入れるには、五臓が元気に働いていることと、それによって気血水がきちんと作られ、全身を巡っていることが必要なのです。

あなたの気血水の状態は?

肥満タイプがわかる体質チェック

A

- 下半身が太りやすい
- 甘いものをよく食べる
- 炭水化物（米、小麦、いも類）をあまり食べない
- 肌のシワやたるみが気になる
- 疲れやすい
- 声が小さい
- クヨクヨしやすい
- 胃腸が弱く下痢をしがち
- 睡眠／朝なかなか起きられない
- 生理／周期が短い、生理中は体調がすぐれない

食習慣や気になる不調などから、今のあなたの気血水の状態（体質）と、それをもとにした肥満タイプがわかります。回答に迷ったら、「今現在どうか」を考えてみて、一部でも当てはまればチェックをつけましょう。10項目中、5つ以上当てはまったらそのタイプに該当します。A～Dのうち、最もチェックの数が多いところがあなたのタイプですが、ほぼ同数になった場合は複合タイプです。

B

- □ 全身のむくみが気になる（張ったような硬いむくみ）
- □ 太ったりやせたり、体重がよく変動する
- □ 激辛料理や強炭酸飲料、コーヒーなど刺激が強いものをよく摂る
- □ 生活が不規則
- □ 緊張やストレスに弱い
- □ 情緒が不安定（怒り、イライラ、落ち込みがある）
- □ 下痢と便秘を繰り返す
- □ お腹が張る、ゲップやおならがよく出る
- □ 睡眠／寝つきが悪い、夜中に目が覚める
- □ 生理／PMSがひどく生理が始まるとラクになる、生理不順

肥満タイプがわかる体質チェック　続き

C

- 早食い、大食いの傾向がある
- 甘いもの、油っこいもの、味の濃いものをよく食べる
- 水分をたくさん摂っている
- ニキビや吹き出物ができやすい
- 全身が重だるい
- 顔や手足がむくみやすい
- 雨の日に体調を崩しやすい
- 下痢や軟便が多い
- 睡眠／悪夢を見る
- 生理／経血がドロッとしている、周期が長め

中医学では、気血水の状態で体質を大きく6つに分けて考えます。その中で「肥満」にダイレクトに関係する体質は4つなので、本書ではその4タイプのみ掲載します。このほかに「血虚（けっきょ）」「陰虚（いんきょ）」という体質もあります。

D

- □ 冷たいもの、甘いもの、油っこいものをよく食べる
- □ シミ・そばかすが多い
- □ 目の下のクマが気になる
- □ 肩や首、背中がこりやすい
- □ 頭痛や腰痛などがある
- □ 肌がザラザラしがち（サメ肌）
- □ 手足の先の冷えやしびれがある
- □ 便の色が黒っぽい
- □ 睡眠／寝つきが悪い、夢をよく見る
- □ 生理／生理痛がひどい、経血の色が黒っぽく固まりが混じる

A 元気不足のグッタリさん 気《き》虚《きょ》

特徴

エネルギー（気）が不足している状態。何かをやろうとしても気力がわかない。体も心も元気がなく、疲れやすい、声が小さいなどの特徴が。胃腸の状態が不安定で、下痢や軟便が多かったり、食欲が低下することも。筋力が少なく体を引き締める力も弱っているので、体はぽちゃぽちゃしてたるんだ印象に。汗腺を開け閉めする力も弱いので、汗がダラダラと出てしまう。

太る理由

エネルギーが足りないため、体内で食べ物の中の不要なものを分別して変化させる力が弱く、排出できずに溜め込んでしまうため、太る。熱を作れず冷えているために、代謝が悪いことも多い。

メンタルの傾向

クヨクヨ悩みがち。自分に自信がない。

B ストレス過多なピリピリさん

気《き》滞《たい》

特徴

気が滞っていて巡りが悪い状態。体重が増減しやすい、情緒が不安定など心身のアップダウンが激しい。常に体のどこかに力が入っていて、肩が上がっている、歯を食いしばることが多い、こめかみなど体の側面が痛むなどの傾向が。PMSがひどい場合も。

太る理由

胃痛やお腹が張った感じになることが多く、暴食するときもあれば食べられないときもあり、下痢と便秘を繰り返しやすい。結果、胃腸が不調になり、不要物の排出も滞って太る。

メンタルの傾向

イライラしたり、カッカしやすく、また一方で、落ち込みやすかったりと、コントロールが難しい。イライラを発散させたいがために、強炭酸飲料やコーヒー、激辛料理など、刺激の強いものを欲する傾向が。

C

溜め込みすぎのモッタリさん

痰《たん》湿《しつ》

特徴

不要物がきちんと排出できず、体の中にドロドロしたごみが溜まってしまっている状態。水（すい）を排出する力が低下し、水分代謝がうまくいっていないため、冷えとむくみがある。体がブヨブヨしている印象で、とくに手足がむくむ。

太る理由

脂っこいもの、甘いもの、冷たいものなどが大好きで、余分なものをたくさん溜め込んでしまっているのに、それを排出できず太る。胃腸が弱っているのに、それに気づかず食べ過ぎていることも多い。水の飲み過ぎや、乳製品を摂りすぎている傾向も。

メンタルの傾向

何かモヤモヤして、すっきりしない。おおざっぱ。めんどくさがり。

D 血の巡りが悪い ドロドロさん 瘀血《おけつ》

特徴

ドロドロの汚れた血（けつ）が体内に滞っている状態。まずほかの3タイプに体質が傾き、それが原因で併発することも多い。肩こり、生理痛がひどいなど、体にこりや痛みがある。

太る理由

脂っこいもの、甘いもの、冷たいものの食べ過ぎで、血に余分なものが入りまじり、ドロドロした汚れた血が体内を巡っているため、血流が悪くなる。体の冷えが原因で、血流が悪化している場合も。血の中の必要な栄養を吸収することも、不要物を回収して排出することもできず、各器官が正常に働かなくなり太る。

メンタルの傾向

ほか3タイプのいずれかとの複合型であれば、それぞれの傾向が出ることもあるし、睡眠が不安定になることも。

なかなかやせられないのは胃腸が弱っているからかも

なぜ太るのか、なぜやせられないのか、中医学の考え方をもうひとつ説明します。中医学に、〝肥人（ひじん）〟という言葉があります。字のとおり、肥満の人＝太っている人、という意味です。そして「肥人に脾虚《ひきょ》多し」という言葉があるのです。〝脾《ひ》〟というのは、五臓と呼ばれる体の機能のひとつで消化活動を担う、いわば胃腸に近い存在です。

つまり「太っている人は胃腸が弱っている人が多い」という考え方です。

ストレスなどメンタル面が原因で胃腸が弱ったから太ったのか、消化に負担がかかるような太りやすい食事をしていて胃腸を弱らせたのか、原因や順番は人それぞれですが、結果的に、**太っている人は胃腸が弱っている**、ということが多いのです。

食べ物には、体にとって必要な成分と不要な成分が含まれています。体はそれを分別し、必要な成分からは気血水を作って全身に届け、不要な成分は最終的に尿や便にして排出しています。**胃腸が弱ると、その分別作業がうまくできなくなる**のです。

また、体の各部にきちんと栄養を与えられないので、消化器官をはじめさまざまな臓器が正常に働きにくくなります。すると、排出が滞るうえに、新たに摂取した食べ物から必要な栄養を吸収することもできなくなっていきます。

不要なものをうまく排出できなければ、体内に余分なものが溜まったままになっていきます。必要な栄養を吸収できない状態が続けば気血水をうまく作れず、**気血水の不足によって全身の機能が低下**します。その結果、**ますます太りやすくなるし、太る以外にもさまざまな不調が出てくる**のです。

「すごく食欲があるから胃腸は元気」と思っている人も、実は胃腸の不調が原因で異常な食欲がわいているだけかもしれません（詳しくはＰ１０４）。また、**「たくさん食べているから栄養は十分摂れている」とも限らない**のです。

46〜49ページでご紹介した4つの肥満タイプはすべて、その状態のまま放っておけば胃腸の調子がさらに悪化していきます。先にお伝えしたとおり、体と心はそれぞれが独立して働いているわけではなく、つながって関連しているからです。

もし胃腸の調子が悪いなら、それがやせられない原因のひとつと考えましょう。

日々の自分の体の変化にもっと意識を向けてみて

悩みがなかなか改善されない場合、前項目のように胃腸の調子が悪くないかなどの変化にも意識を向けるといいんですね。体のちょっとした違和感や不調って我慢できちゃうときもあるので、ケアが後まわしになって慢性化してしまうことも多いです。だから、**感じた変化を無視しないで、「あれ？　どうしたんだろう？」と気づいたら休む時間をとったり、ひどくなる前にできるケアから行うことが大切**ですね。

心も同じで、小さな違和感やモヤモヤをそのまま放置してしまいがち。「たしかに私も放置しがちかも……」と気づいたら、目をつむって最近の自分の体の変化や、心にどんなゆらぎがあったかを振り返ってみてください。

いつもより便秘がひどい、イライラしがち、頭が重くてボーッとする、しょっちゅう風邪をひく、ＰＭＳが重いなどはありませんか？　こうした**〝なんとなく不調〟が続いているなら、それは「今の○○が合ってないよ」という体からのサイン**。最近の食事や生活習慣、もしかしたらダイエット法が合ってないのかな、ちょっと無理してどこかに負担がかかっているのかな、と問いかけてみてほしいです。

私も太っていた頃は、いつも疲れていて便秘がち。肌荒れにも悩んでいたし、冷え性すぎて冬はしもやけになるし、生理痛がひどくて痛み止めもよく飲んでいました。

でもその原因が、自分の普段の食事や生活習慣にあるとは思っていなかったのです。薬などで不調の症状を抑えることには意識が向いていましたが、根本的な解決のためにできることは後まわしにしていました。仕事で疲れるから、自分へのごほうびで甘いものを必要以上に食べて、夜は低カロリーな食べ物だけですませる栄養不足状態。休むことを優先せず、予定を詰め込んで寝るのは午前2〜3時。不調になる原因を自分でつくっていたのに、それが普通になって気づけませんでした。

何か負担がかかっていれば、体は必ず不調としてサインを出して、あなたに教えてくれています。**「いつもとちょっと違うな？」と感じたら、最近の食べ物や生活習慣を振り返ってみてください**。ダイエット中はとくに、毎日体調についてメモするようにしましょう。少しでも不調を感じたら、一度止まって考えてみる。そうやって**自分の体の変化に敏感になることが、実は健康にやせるための近道**なんです。

毎日の体調のチェックに セルフ舌診を役立てよう

もうひとつ、毎日の体の調子を自分で簡単にチェックできる方法があります。

中医学では、その人の今の体の状態を知るために、よく舌をみます。「舌診《ぜっしん》」といい、中医学の世界では基本となる体調・体質を判断する方法のひとつです。**舌にはそのときの体の状態が、みなさんの想像以上にハッキリとあらわれている**んです。

舌も体の一部なので、よく考えれば不思議なことではないのですが、「舌で体の状態がわかる」ことを知らないと、まったく目を向けない部位かもしれませんね。

鏡さえあればどこでもできるので、覚えておくと自分の体調管理に役立ちます。

飲み会の翌日や寝不足の日は状態がかなり変化しますし、毎日みていると小さな変化にも気づきやすくなります。一番いいのは、朝起きてすぐの状態を、窓際で自然光でみること。それを日々観察して比べてみてください。スマートフォンのカメラ*などで写真を撮っておくと比較しやすいです。

※色味が補正・加工されてしまうと舌の状態の変化がわからなくなるので、舌を撮影する場合はカメラの自動補正機能をオフにしましょう。

理想的な舌は、次のような状態です。

●**明るく赤みのある紅色**

●**厚さや凹凸に異常がなくうるおっている**

●**薄く均一に白い苔がついている（これが正常です）**

また、先ほど肥満の4タイプをご紹介しましたが、舌診でも判断できます。どれかひとつでも当てはまる状態がみられるなら、そのタイプに該当します。

●**全体に淡い色で、舌の縁に歯型がある↓グッタリさん（気虚）**

●**両側の赤さが目立つ↓ピリピリさん（気滞）**

●**ぼてっとしていて大きく、舌の縁に歯型があり、舌苔（白色・黄色）は厚く粘り気がある↓モッタリさん（痰湿）**

●**暗赤色または紫色で、黒いしみや斑点があったり、舌の裏の静脈が濃い紫色で、ボコボコと浮き出ている↓ドロドロさん（瘀血）**

舌が理想的な状態と異なるということは、あなたは今やせにくい状態だということ。体内の気血水の量やバランスがととのえば、歯型がつかなくなる、分厚かった苔が薄くなるなど、舌にも変化があらわれます。

体と心の状態は、
日々変化していきます。
月1回を目安に
“今の体質”をチェックして
そのときの自分に合う
養生を実践しましょう。

PART 2

第2章

もう挫折しないための やせるメンタル のつくり方

ダイエット成功の土台は、感じて寄り添う〝言葉がけ〟

櫻井　食事の内容を変えてみたり、運動してみたり。そんなふうにがんばって始めたダイエットが、継続できずに挫折を繰り返している……。そんな方は、自分を責める前に、今のメンタルの状態はどうかな？　と考えてみてください。

本島　体と心、両面から自分を知ることが第一歩ですが、そのうえで普段どのように自分に向き合っているかが、継続や結果に大きく影響してきます。〝自分に厳しく〟ではなく、いかに〝自分と仲良く〟取り組んでいくかが大事なんです◎　なんて今だから言えますが、以前は私も自分で自分を追い詰めていました。

櫻井　多くの方がそうだと思います。体にだけアプローチすることでやせられる人ももちろんいます。でも、何度もダイエットに挑戦しているのにうまくいかなくて悩んでいる場合は、心にもアプローチしてみましょう。普段の〝自分との向き合い方〟を見直すことで、ダイエットはうまくいきやすくなります。

本島　そうなんです！　とくに、次のようなことをよく思う人、心当たりがある人はこの章を読んでみてください。「こんなに食べるのを我慢してがんばったのに結果が出ない」「また続かなかった。私ってなんて根性がないんだろう」「明日から絶対お菓子は食べない」「やせたいのにがんばる気力がわいてこない」……。これらは、ダイエットがうまくいかなかった頃、私がよく思っていたことです。

櫻井　漢方相談に来られる方の中にも、すでにがんばりすぎているのに、「いや、まだ全然がんばれていない」と自分を認めてあげられていない方は多いです。

本島　自分にかけている厳しい言葉を変えること、自分の気持ちや感覚に寄り添いながらダイエットすることは、私にとって簡単なことではありませんでした。でも、できることから少しずつ取り組んでいるうちに、責める言葉が少しずつやわらかい言葉に変わったり、自分を抑え込んで無理にダイエットしようとすることが減り、やさしい部分も育まれていきました。ゆっくりで大丈夫です。自分の心と対話しながら、この章を読んでいただけたらうれしいです。

「私は全然がんばってない」と自分をジャッジしていませんか？

食べる量を減らしたり、甘いものを我慢したり、エクササイズに取り組んだり。これまでさまざまなダイエット法に挑戦してきたという方が多いと思います。では、そんな自分のことを「がんばっている」と思っていますか？　それとも「がんばっていない」と思っているでしょうか。

「がんばっている」という基準は、実はとても曖昧《あいまい》なものです。

ダイエットがなかなかうまくいかなかったとき、私はいつも自分に厳しい声をかけてしまいがちでした。誰かと比べては、がんばっていない部分や足りないと感じることばかりが目について、がんばってもうまくいかないことばかり。「どうせ私になんかできるわけない」と、あきらめグセもついてしまっていました。

がんばったことがたくさんあっても、結果が思うように出なかった瞬間に、「がんばれていなかったんだ」と、それまで積み重ねたことさえもなかったようにしてしまうこともよくありました。

〝自分ががんばったと思うかどうか〟だけにフォーカスすると、とても曖昧な基準をもとに自己評価を下すことになります。それを続けていると、自分の〝できていること〟まで否定してしまったり、体や心の声にふたをして無理しすぎてしまいがち。なので私は、〝自分ががんばったと思うかどうか〟はいったん横に置いて、**〝できたかどうか〟という〝事実〟や、結果にたどり着く前段階の〝プロセス〟にも目を向ける**ように、自分との関わり方を少しずつ変えていきました。

もし今、**あなたが自分に対して「がんばれていない」と思っているのであれば、そこには誤解があるかも**しれません。もうたくさんの〝がんばり〟を積み重ねてきたからこそ、この本を手に取ってくださっているのだと私は想像しています。

ですから、今まで積み重ねてきた部分まで否定して、なかったことにしてしまうのはやめて、ここからはぜひ**自分の〝できていること〟も確認していくクセをつけてみてください**。どんなに小さく感じることでも、〝できた〟という事実は変わりません。〝できていること〟を確認するクセがつくほど、〝できている私〟が育まれ、次の〝できる〟につながっていくはずです。

メンタルが体質に影響し、体質もメンタルに影響する

〝やる気が足りないから〟〝意志が弱いから〟やせないんだ……、と自分を責めている人に、ぜひ知ってほしい考え方があります。中医学では、あなたのそのときの**体質がメンタルに影響を与え、そのせいでやせにくくなる**ことや、またその逆の順序で、**メンタルが原因で体質に影響が及び、やせにくくなる**ことがあると考えます。

なぜなら、**体と心は表裏一体で、互いに影響し合う**からです。

例えば、グッタリさん（気虚）タイプは、体も心もエネルギーが不足している状態なので、何か新しいことを始めようという気力がわいてきません。仕事やプライベートでがんばりすぎた結果、疲れ切っているのかもしれません。

ピリピリさん（気滞）タイプは、怒ったり落ち込んだりと、情緒が不安定なのが特徴です。ダイエット中で普段は食事に気をつけていたとしても、ストレスが溜まるとつい暴食してしまいがちでしょう。

モッタリさん（痰湿）タイプは体がどんより重いことが多く、頭もモヤモヤすっきりしないことがあります。そのせいで動きだすことがおっくうで、ダイエットのために運動しようと思っても、なかなか行動に移れないかもしれません。

ドロドロさん（瘀血）タイプは、血流が悪いため冷えていたり、常にこりや痛みがあります。痛みがあれば気分は落ち込みやすくなりますし、痛みを緩和するために自然と甘いものを欲するといったことが、間接的に太る原因、やせにくい体をつくる原因になることがあります。

このように**体質ごとのメンタルの傾向がダイエットがうまくいかない原因のひとつになっている**こともあるのです。また、そのときのメンタルが影響してそれぞれの体質に傾いてしまったり、体質の偏りを加速させて肥満を招く、といったことも考えられるのです。

体と心はぴったりつながっているので、エネルギー不足の状態、イライラやモヤモヤがある状態のままではスムーズにやせられません。

そのためにも、42ページからの体質チェックで自分の今の体質や状態を知ることが、やせるため、健康のために欠かせないのです。

気が十分にあり巡っていれば、食養生やボディケアの効果も高まる

体と心が表裏一体ということは、**メンタルの状態がよければ体も調子がいい状態を維持できるので、ダイエットの効果も出やすい**といえます。

3章でご紹介する食養生も4章のボディケアも、メンタルの状態がととのっていれば効果が出やすくなります。食べるものを少し変える、マッサージを1種類だけ行ってみるなどのちょっとしたことでも、体がきちんと反応し、変化しやすい。つまり、がんばらなくてもやせられるのです。

逆に、過度なストレスなどで**メンタルが弱っていると、食事やボディケアをどんなにがんばっても、効果が出にくくなってしまいます**。だからこそ、本書でご紹介する具体的な養生法をスタートする前に、まずメンタルをととのえることの重要性をお伝えしているのです。

中医学の観点で説明すれば、**メンタルの状態がいいということは、実は体の状態が**

いいときと同じで、〝気血水〟が不足することなく十分にあり、きちんと巡っているということです。

気血水はそれぞれが補い合って働いており、生きていくうえでいずれも欠かせない要素ですが、中でも気は、体を動かす、臓器を働かせる、体の各部に栄養を与える、飲食物を血や尿に変える、血を巡らせるといった、〝動かす働き〟を担っています。

つまり、気がたっぷりあって巡っていれば、体の各部に栄養がきちんと届き、不要なものはよりわけて排出する、といった流れがスムーズに行われるので、**〝溜め込まない体＝太りにくい体〟を維持できる**のです。

触る、もむ、ストレッチで伸ばすなどのボディケアをした場合にも、まず気が巡っていれば血も巡り、水も巡り、全身の代謝が促されます。

メンタルの状態が悪くなると気が不足したり巡りが滞ったりするので、こうした体の中の動きがすべて悪くなってしまうのです。

ですから、気が十分にあって巡りがいい状態を維持すること、つまり、メンタルがととのった状態を目指せば、自然とやる気もわいてくるし、ダイエットの結果も出やすくなるという好循環が生まれるのです。

“自分を愛そう”“自信を持とう”を自分に押しつけなくても大丈夫

本当はそう思ってないのに、そう思わなくちゃ！　と、自分に押しつけている考え方や感情はありませんか？　ポジティブにいこう！　自分を愛そう！　ほめよう！　前向きでいなきゃ、みたいな考え方。以前の私は、「それができたらいいけど、そんなふうに思えないから困ってるんだよな……」といつも感じていました。今でも、「自信がある？　自分を好き？　常にポジティブ？」と聞かれると、答えはノー。自分との信頼関係を少しずつ育み続けてきた感覚はありますが、「自信がある？　自分を好き？」については、「あ、ここはいいかも」と感じられるようになった部分もあれば、これからも変えていきたいなと思っていることは多いです。

それに、好きか嫌いかという、極端な判断をすることも減りました。**「嫌い」という大ざっぱな言葉でまとめるのではなく、「こんなふうに変化させたい」と、自分の理想やどう変えていけば好きになれるかを細かく認識**できるようになってきました。

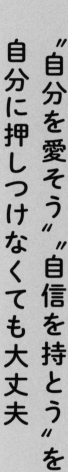

ポジティブ思考に関しては、同じ事柄でも前向きに思えるときもあれば、そう思えないときもあったりするし、心も体も毎日変化しているのだから、それは自然なこと。ここでもポジティブかネガティブかという極端な二択ではなく、いろいろな側面を見て、さまざまなとらえ方ができるようになりたいなと、私も日々思っています。

いくら自分と付き合い上手になっても、モヤモヤや不安、ストレスがなくなることはありません。というのも、年を重ねるごとに、関わる人や環境も変化し、自分の心や体も変化していきますよね。そうした中で**モヤモヤや不安を感じることは、自分を守ったり、備えたりするうえで、実はとても大切な感覚**。不安があるから危険を避けることができたり、関わり方を調整したり、準備したりできます。

私は自分の気持ちを整理するサポートとして、気軽にカウンセリングに通っているのですが、そこで自分を育んでいくサポートをしてもらう中で、〝自分が感じていることに気づく〟ことの大切さを知りました。**自分のことが嫌いなままでも、自分をほめられなくても、後ろ向きでも、その〝感じているまま〟で大丈夫**。そのありのままの感覚に気づいて、体や心との付き合い方を調整していくことで、自分のそのままを尊重しながら自分自身と関わり、セルフケアできるようになっていきます。

自分をほめるのが難しければ、ただ受け入れていけばいい

自分のことを「がんばっていない」とジャッジしてしまう方は、自己評価が低いのかもしれません。よく漢方の相談者さんに、「朝起きて着替えて会社に行ってるだけですごいよ、と自分をほめてあげてください」とお伝えするのですが、なかなかそうは思えないという方が多いです。これまでに「よくできたね」と言われることが少なかったのか、そう言われてもそのまま受け取れないような何かがあったのか。

でも、**現代で普通の社会生活を送っているというだけで、めちゃくちゃがんばっているはず**で、相談者さんの話を聞いていると、そんなにがんばってすごいなぁと思うことや尊敬する点がたくさんあります。

その相談者さんの気持ち、わかるかも。もともと私も、自分の〝ほめポイント〟なんか見つけられなかったし、そう思ってないのに自分をほめたりすることにもとても抵抗がありました。相手からのほめ言葉にも「そんなわけない」と思って、自分の中で素直に喜べなかったし、あの頃は受け取り拒否していたと思います（笑）。

でも、それが行きすぎると、自己否定になってしまうんですよね。**「こんな私なんて」という思いを抱えていたら、ダイエットはなかなかうまくいきません。**

思ってもいないことで無理に自分をほめる必要はありませんが、まずは〝今、自分が自分に対して思っていること〟に、気づいてあげてください。「あ、私は自分のこと、がんばってないと思ってるんだ」と気づいて認識する。それは一見、自己否定のように感じられるかもしれませんが、そうではありません。**自分の今の考えや感覚を無視せず、それに気づくことが、自分（の感覚や状態）を受け入れることにつながります。**こうして育まれる〝やせメンタル〟が、ダイエット成功のカギなのです。

ちなみに、受け取り拒否していた〝ほめ言葉〟を、私が受け取れるようになったのは、**「〇〇さんは、そう感じるんだな」と、相手の考えと自分の考えを区別する**ようにしてからです。言われたことに共感できなくても、相手の意見や感想として聞く。すると徐々に、ほめ言葉に対して「いやいや～」と謙遜《けんそん》しながら自虐することも少なくなり、素直にお礼が言えたり、相手の言葉として受け取れるようになっていきました。

今の感覚を〝じわじわ〟感じて体と心の声を聴いてみよう

私は12年ほど前からカウンセリングに通っていて、自分自身と上手に関わるためのサポートを受けています。そこで自分の感じたこと、話すことを丸ごと受け入れて聞いてもらう経験をして、〝私のまま〟でいられる安全な場所ができたんです。カウンセリングを重ねるうちに、それまでは抑え込んでいた〝本来感じていること〟に徐々に気づけるようになりました。それによって、心と体に無理させすぎることなく、自分とうまく関われるようになってきて、ダイエットに関しても自分のペースでできることを見つけて積み重ねられるようになったり、自分との関係性がよくなっていくほど、周りとの関係性でも無理をすることが少なくなっていきました。

カウンセリングで学んだことを私なりにお伝えすると、**自分と関わることとの土台として欠かせないのが、〝身体感覚を伴って自分を感じること〟**です。どういうことかというと、例えば、モヤモヤ、ザワザワしたり、不安や悲しみがわいてくる感覚に気づいたら、「悲しいんだね」とただその悲しい感じにとどまります。

このときに自分を育んでくれるのが、〝じわじわ〟する時間。なんとなくでいいので、モヤモヤ、ザワザワなど、今の感覚に気づいたら、それが体のどのあたりで起こっているかに意識を向けていきます。目をつむって、感じている体の部位に手を当てて、呼吸しながら意識を体の反応に向けていく。

感じること自体が、自分を受容していくことにつながるので、**〝じわじわ〟すると不思議と衝動や不安が落ち着いたり、今まで抑え込んで無視していた自分が本来感じていたことにも気づける**ようになります。

私自身、自分の感覚や体の反応に意識を向けるという概念すらなかったので、最初は見よう見まねで取り組むだけでしたが、**積み重ねていくうちに自分に関して気づけることが増えたり、衝動的に暴食することも減っていった**んです。

周囲や社会の基準も大切かもしれませんが、その土台には自分がいて、自分がどう感じるかや安心感を持てるかも大切なこと。身体感覚を伴いながら自分の感じるままを受け入れ、感覚に意識を向けて育んでいくことが、自分を大切にしながら周りの人たちや情報と関わること、そして無理のないダイエットをすることにつながります。

〝じわじわ〟が身につけば、ダイエットもうまくいく

不安や緊張だけではなく、うれしいこと、楽しいことがあったときの「ほんとにうれしいなぁ」「なんて楽しいんだろう」という感覚も、〝じわじわ〟感じてみましょう。どんな感覚も、自分の心と体に意識を向けることで育まれていきます。

一瞬は素直に喜べても、すぐ厳しい自分が出てきて、〝じわじわ〟するのが難しいということもあるかもしれませんね。**誰かと比べて自分を否定してしまいがちなときは、誰かと比べるのではなく、以前の自分と比較してみましょう**。以前の自分よりできるようになったこと、積み重ねてきたことはどんなことですか？　その事実を確認しながら〝じわじわ〟するのもおすすめです。

〝じわじわ〟はどんなときに取り組んでも大丈夫。ひとりの時間ができたタイミングやふと思い出したときに、トライしてみましょう。それを続けていくことで、**自分の体や心と付き合いやすくなり、ダイエットもうまくいきます**。

実際に"じわじわ"してみよう!

❶ ラクな姿勢で座れる場所に腰かけて、呼吸に意識を向ける。鼻から吸うことを意識しながら、ゆったりとした気持ちでしばらく呼吸を続ける。

❷ 呼吸に意識を向けたまま、目を閉じる。両手をそれぞれ胸〜お腹あたりの「このへんかな?」としっくりくる場所に当てて、体で自分の手を感じていく。

❸ 自分の中に浮かんでくる考えや感じていることに意識を向ける。「こんなことを感じて(考えて)いるんだなぁ」と気づいたことをそのまま感じたり、浮かんだことを自分の横に置いたりするようなイメージで"じわじわ"していく。

❹ 心が落ち着いてきたと感じたら目をゆっくり開けて、ふぅーと息を吐く。周りの目についたものを眺めて、落ち着いた感覚を大切にしながら、その後の時間をゆっくり過ごす。

※❷と❸は順番が前後してもOK

〝じわじわ〟感じることで気の巡りも促される

中医学の観点から見てみても、〝じわじわ〟してそのときどきの感情に気づいてあげるというのは大事なことです。

中医学の歴史の初期の頃は、心というものはフラットなほうがいい、怒りや悲しみは感じないほうがいいなど、「感情の起伏を最小限にして、心を平坦《へいたん》に保つこと」がとても重要だ、と考えられていた時代がありました。

そこから時が経ち、その状態は人間的ではないから、感情はもっと幅があって柔軟性があるほうがいい、と考えるように変化してきました。でもやはりフラットがいい、いや柔軟性があるほうがいい、と、中医学も長い歴史の中で正反対の考えを繰り返してきたのです。

そうした経緯を経て、現代中医学では「いろんなことを感じられるということは、人間にとってとても大事なことなんだ」という考えが主流になってきました。

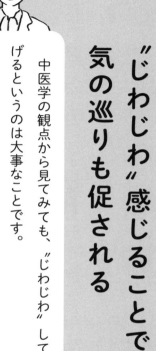

例えば、「怒ると気が上《のぼ》る」という言い方をするのですが、それは、気血水の〝気が動く〟ということなんですよね。感情がないと、気は停滞したままになってしまい、循環しません。そして、停滞すると熱やかたまりを生んでしまうので、やがて肥満や病気を招くことになってしまいます。1章でもお伝えしたように、気血水はただあるだけではなく、巡って循環しているのが健康な状態だからです。

ですから、**気血水を動かすという意味でも、感情が何かしら動くことは悪いことではない**し、動くのが当たり前だと思います。さらにそのときどきの感情を眺めて気づいていくというのは、とても大事なことだと思います。

基本的にはマインドフルネスの考え方や、ヨガで教えられる考え方と共通していて、**〝じわじわ〟感じる＝瞑想《めいそう》に近いもの**、だと思います。

でも瞑想は、指導者のいない状態で行おうと思うとなかなかハードルが高く、「難しそう」と感じる方もいるかもしれません。ですから、瞑想でなくても、ちょっとだけ止まってそのときの感情を〝じわじわ〟確認してみる、**ひとつひとつの感情を押し殺さずに見てあげることが、自分を大切にするためにも、気血水を動かすためにも大事**なのです。

五感を働かせて、〝今ここ〟に気づいていこう

自分の体や心の声に意識を向けるために、もうひとつとてもよい方法があります。それは、五感をきちんと働かせること。**今の状態、今の自分が感じていることに気づくために、五感をできるだけ使うことが助けになってくれます。**

やることに追われていたり、悩みやストレスで頭がいっぱいだったりすると、〝今ここ〟を感じている余裕はありません。本当は疲れていたり、しんどかったりしても、そんな自分の感覚や感情に気づけず、心も体も無理をしてしまいがちです。常にそんな状態では、自分が何をどう感じているのかにどんどん鈍感になってしまいます。

そうならないためにも、**五感を使ったり体をこまめにゆるめたりして、ひと息つく習慣がとても役に立ちます**。仕事の合間に深呼吸をしたり、ゆっくりお茶を飲んだり、香りを嗅いだりすると、吸い込んだ空気の感じや匂い、お茶の温かさや味など、一瞬その感覚に全身が包まれます。それは五感で感じているということですよね。

そういう時間が、〝今ここ〟の感覚に意識を向けることになり、緊張がゆるんだり、気分転換になったり、頭が休まったりします。**体と心の今の状態に鈍感なままでいたら、体と心に負担をかけすぎてダイエットどころではなくなってしまう**と思います。ケアしたり休んだりするからこそ、心も体も健やかにダイエットできるのです。

五感を働かせるということは、中医学的にもとても大切です。1章でお伝えした五臓は、それぞれが五感を感じる部位とつながっているからです。目が視覚で肝、舌が触覚で心、口が味覚で脾、鼻が嗅覚で肺、耳が聴覚で腎です。ですから、五感を働かせるということは、五臓のそれぞれを刺激して動かすということにつながります。**五つの感覚器が何かを感じることで、五臓も連携して活性化され、きちんと働き循環していく**のです。

何かを見て「美しい」、何かを食べて「おいしい」、香りを嗅いで「いい香り」、音を聴いて「きれいな音」「好きな音楽」、何かに触れて「気持ちいい感触」。それを感じているのはその瞬間ですね。ですから五感を働かせるように心がけていると、過去でも未来でもなく〝今ここ〟をきちんと感じられるようになるのです。

五感を意識するだけで日常の中にワクワクが増える

「五感」を普段あまり意識したことがなく、何をすれば五感を働かせることになるのかわからないという方もいらっしゃるかもしれませんね。日常の中で、簡単にすぐできることがたくさんあります。例えば、空を見上げる、月を見る、高い所から遠くを眺める。木や花を近くで見たり、匂いを嗅いでみるのもおすすめです。

また、多くのことが頭に浮かんで考えがグルグルしてしまうときは、目を閉じてエアコンの音、風や街の音を集中して聴くようにしてみましょう。人間の体はひとつのことにしか集中できないようになっているので、その瞬間は思考が止まって落ち着きます。

私も日常の中で、意識して目を閉じる時間をつくっています。視覚は五感の中でも一度に入ってくる情報量が多く、そこに意識が向きやすいので、**目をつむることで視覚情報を遮断すると、ほかの感覚が研ぎ澄まされる**んです。目を開けているときより、

香りや感触を敏感に感じられて、ホッと心が休まります。

また、移動にはよく自転車を使うのですが、風を感じて、気温や陽射し、漂ってくる匂いで四季を実感すると、リフレッシュできるんです。近道よりも「今日は川沿いにしよう」など、自分が通りたいと思う道を選んで、ただ自分が〝気持ちいい〟と感じられる選択を日常に増やすようにしています。周りに季節の花が咲いていたりしてもわき目もふらずに通過する日があることに気づいたら、できる日は周りのものにも意識を向けて、風や匂い、音、彩りなどを感じながら移動してみてください。

外の景色を見て、気持ちよく感じる、楽しくなることはすべて、〝気が巡る〟ことです。感動すること、心が動くことも、すべて〝気が巡る〟こと。**〝気〟が巡っていれば、メンタルがととのい、おのずとやる気も高まってきます。**

「考えるな、感じろ」が、ダイエットを成功に導く

五感を働かせることは、今の自分の感覚・感情に気づけるようになり、また、気血水を巡らせて五臓を元気にすることにつながります。

ブルース・リーの映画『燃えよドラゴン』に出てくる有名な「考えるな、感じろ」という言葉に象徴されていると思いますが、それが五感を働かせることであり、〝じわじわ〟することや、ひいては自己理解を深めることにもつながるのです。

赤ちゃんや小さな子どものうちは、誰しも〝感じる〟ままに生きることができていたのですが、成長するにつれて頭で〝考える〟ことのほうが増えてしまいます。**ダイエットがなかなかうまくいかない方ほど、自分の感覚・感情を抑えて、頭で考えたことを優先している**かもしれません。

でも、子どもが素直に自分のやりたいことを表現したり、体や心の声に敏感に反応している様子を、僕たち大人もたまには見習ってもいいのかもしれません。

甘いものが食べたい、疲れたから休みたい、なんだかイライラする……、どんな感覚もまずそう感じていることを受け止めましょう。これが「感じろ」の実践です。そして、「考えるな」とまでは言いませんが、もっと自分の感覚も大切にして、ダイエットをしてもらいたいです。

中医学の観点でも、**〝考える〟=体が緊張状態になっている**、とみなします。頭でだけ考えていて、体の中は動いていない。それは、気血水が巡っておらず、胃腸の働きが鈍るという、停滞した状態です。

停滞は不調の原因になり、心身が不調だとやせられません。気血水を巡らせ五臓を動かすには、五感を使って〝感じる〟ことでしたね。

ダイエット中だって、甘いものが食べたいなら食べていい。食べ過ぎがダメなだけです。罪悪感を持たないで、しっかりおいしさを味わって味覚を存分に働かせましょう。そうした時間を持つことで気血水が巡り、「おいしい」「いい香り」といった五感の刺激で五臓も正常に働きます。体が健康なら、メンタルも安定しやすくなります。五感を働かせることで巡りがよくなり、体の中が元気になることで気持ちも変化します。**必然的にストレスも減り、やせやすい体と心になっていく**のです。

太りやすい
思考グセとの
付き合い方
パターン
1

理想が高すぎる すぐ結果を求めてしまう

ダイエットを始めても、**「理想通りにできないから」「すぐ結果が出ないから」とあきらめてしまう方は、ものごとを0《ぜろ》：100《ひゃく》で考えがち**なのかもしれません。結果だけに注目して、プロセスに目を向けられない。黒か白かで判断しがちで、途中のグレーな部分を受け入れるのが苦手。結果的に体重が減っていなかったら、「がんばってない」と全部を否定してしまう。以前の私もそうでした。10のうち3はやっているのに、3やったのをなかったことにして、「何もできてない」と決めつけていました。

でも、そんな**〝がんばったか、がんばっていないか〟という曖昧な評価軸は横に置いて、3やったという事実を確認する**ようにしてみたんです。これが効果絶大でした！

〝できること〟を積み重ねていくことが、次の〝できること〟への道のりになるんです。

それに、**結果（体重）だけに左右されずに、プロセスにも目を向けられるようになる**ので、〝できること〟の習慣化や継続にもつながっていきます。

私には〝あきらめグセ〟もあったのですが、〝できること〟を確認することは〝できていること〟を知ることにつながるので、やる気が出て行動できたり、少しずつ自分を信じられる場面が増えていきました。ぜひ、**体重や食べたものを記録するのに加えて、今日できたことを確認したり、リストにして書き出す**ようにしてみてください。

もし、書けることがひとつもないと感じるなら、高い理想や大きな目標を掲げすぎているのかもしれません。「おやつは食べない」「甘いものは一切摂らない」「毎日運動する」「絶対23時までに寝る」、そんなふうに思っていませんか。それらの目標を1〜3割に落とし込んで、どんなことならできるかなと考えてみましょう。

そして、「おやつを普通のチョコから高カカオチョコに変えた」「飲み物のシロップを減らせた」「エスカレーターじゃなく階段を使った」「昨日より寝る時間を早くできた」など、自分なりにやせるために行った事実を毎日振り返ってみてください。

また、**100g単位の体重の増減が気になる方は、体重だけでなく気になる部位の採寸をするのもおすすめ**です。毎回同じ場所を測るようにすると、体重以外のサイズの変化がわかるので、「体重は増えたけどサイズは変わってないな」など、体を別の視点から見ることができます。自分を客観的に見る視点を持ってみてくださいね。

太りやすい
思考グセとの
付き合い方
パターン
2

自分を責めてしまう

「やると決めたのにできなかった」「私ってなんでダメなんだろう」と自分を責めてしまう方。私も、反省したり、自分を責めるループに入ってしまうことがよくあります。そんなとき、自分の中にいる〝厳しい自分〟が自分自身を責めているような感じがしませんか？

私は、厳しい自分が頭を支配して苦しくなったら、やさしい言葉をかけてくれる存在を召喚するようにしていました（笑）。どういうことかというと、共感しながら肯定してくれたり、やさしい言葉をかけてくれる身近な人を頭の中でイメージして、その存在の言葉を借りて自分にやさしい言葉をかける練習をしていきます。

「しんどいよね。疲れたら休もう」「もうあれほんと、イヤだったね」「何もできなかった？　そんなことないよ。甘いものをヘルシーなおやつに変えられたじゃない」と、その人がかけてくれそうな言葉を想像して自分に伝えていきます。周りにそんなぴったりな人がいなければ、『ちびまる子ちゃん』のおじいちゃん（友蔵）のような、ありのままの自分や行動を肯定してくれる存在を自分の中に召喚してみましょう。私も、「まるちゃんのおじいちゃんなら、どんな言葉をかけてくれるかな？」と想像しながら、自分に声をかけたりもしていました。最初は、誰かのやさしい言葉として〝借りていた言葉〟が、積み重ねていくと、厳しい自分とは別の〝やさしい自分の言葉〟として育まれていき、自分を責めるループから抜け出しやすくなってきますよ。

全員とは限りませんが、自分を責めてしまいがちな方は、ある時期に何か〝認知の歪み〟を招くような体験があったのかも。例えば、3年前からそういうことが増えたのであれば、その時期に何かがあって心が削られたのかもしれません。

そこから気が不足したり、滞ったりして、気血水のバランスが崩れてしまったとも考えられます。その〝何か〟を見ていくことも役に立つと思いますし、**体質チェックで明らかになった自分の体質を改善していくと、〝自分責め〟が少し減る**かもしれません。食べ物によって、体から心へとアプローチすることもできるので、3章でご紹介する食養生も試してみてください。

「○○しなきゃ」を先送りしてしまう

「○○しなきゃいけない」という言葉を口にするとき、実はその前に「したくないけど」という思いが隠れています。だからこそ、すぐにはできず、ついつい先送りしてしまうのです。食べ過ぎをやめなきゃいけない、お菓子を我慢しなきゃいけない、もっと体を動かさなきゃいけない……。すべてその前には「本当はしたくないけど」という言葉がくっついている。でも、その「したくないけど」は口に出さず、「○○しなきゃいけない」だけを言っているんです。

こういうのは〝思考のクセ〟で、1日ですぐに変えられるものではありませんが、少しずつなら変えていけます。ひとつの方法は、**「○○しなきゃ」と思ったり口に出したりしていたのをすべて、「今○○する」に変えていく**ことです。

例えば、「やせたいから、運動しなきゃいけない」と思っている場合。そうすると、「じゃあウォーキング用のシューズを買わなきゃ」「スポーツジムに入会しなきゃ」な

ど、今すぐにはやれない理由がいくつも出てきがちです。それを「やせたいから、今運動する」と言ってみて、その場でかかと上げを10回やってみる。肩を10回グルグルと回してみる。腕や肩のストレッチをしてみる。

そんなふうに、**今すぐできることを「やる」と思って、口に出して行動に移していく**。口に出すことで、やる気も自然とわいてくるものです。

この方法は、ダイエットだけでなく、仕事でも家事でも応用が効きます。「いつもやらなきゃと思ってるのに、なんでできないんだろう」という思いは、次第に自己否定につながります。そうした思いと決別するためにも、ぜひ試してみてください。

私の場合は、苦手なことほど思考や手が止まり、考えられなくなったりギリギリまで取りかかれないことも多いので、いきなりトライしようとせず、小さいことやウォーミングアップから始めます。この仕事をやらなきゃ！　と思ってもすぐにスイッチが入らないときは、場所を変えたり、コーヒーをいれることから始めたり……。**いったん動き出せば体は次のステップに向かいやすくなるので、動き出しやすい小さなステップを目の前に用意してあげる**ようにしてみてください◎

太りやすい
思考グセとの
付き合い方
パターン
4

「でも」「だって」と言い訳をしてしまう

ダイエットがうまくいかない、何度もリバウンドを繰り返しているという方の中には、「でも」「だって」が口グセの方が多いのではないかと思います。漢方の相談者さんにも、こちらから「こういうことをしてはどうでしょう?」と提案したことに対し、「でも〇〇〇だから無理なんです」と返ってくることがよくあります。

そういう方は全般的に、できないことを探しがちです。「忙しいから」「〇〇しているから」「〇〇は無理」「〇〇は好きじゃないから」などできない理由がまず出てくる。ただ、この本を読んでくださっている方は、やせるために何かしたいと思っている方だと思います。

できない理由はいくらでも挙げられると思いますが、その視点で考えていたら何もできなくなってしまうので、逆に、**「できることはなんだろう?」「じゃあ、これならできるかな?」という発想で、考えてみてほしい**のです。

例えば、「22時に寝てください」と言われたら無理だけど、「今より10分早く寝ることならできる」とか。**今の自分の環境と、これならイヤじゃない、という自分にできることの折衷《せっちゅう》案を探していく**。「運動してください」と言われたら無理だけど、「駅では階段を使う」ことならできるとか、「行きは急いでいるから難しいけれど、帰りにひと駅だけ手前から歩くことならできる」とか。

「でも」の「でも」、を考えるようクセづけてみるのもいいと思います。「でも、私〇〇はできないんです」の後に、「でも、〇〇だったらできるかもしれない」と、もう1回「でも」をつけて、折衷案を自分の中で探してみるんです。

「でも」を口にしたら、もう1回「でも」という言葉を重ねると、自動的に頭の中で別の〝できること〟が出てきやすくなるので、クセづくまで練習してみてください。

実際に行うことは、小さくて簡単なことで構いません。**自分で「これならできるかも？」と考えた内容なら、無理なことを押しつけられた感がなく、続けやすい**と思います。

誰かや何かになろうとしなくても私のままで変化し続けられる

ここ最近、SNSがどんどん普及して、世界中の人やモノ、コトに手軽にアクセスできるようになりました。加工やAIの技術などもものすごく進んでいて、キラキラした見た目や誰もが憧れるような体型の人を目にする機会も増えています。

以前の私は、常に自分を強く否定していたので、いつも周りの人をうらやましく思っていました。嫉妬で否定的になってしまって、よく「生まれ変わりたい」と口にしていました。一学年が終わる年度末には、「来年生まれ変わるから」と友達に宣言したりもしていました。それなのに、変われないまま新学期を迎えるんです。

「生まれ変わりたい」と思ってはいけないわけではないですが、今思い返すと、その言葉は自分の存在すら否定していたんだなぁと思います。

否定してしまうこと自体は、すぐにやめられるものではないけれど、自分を感じてできることを見つけて取り組んでみるようになって、ちょっとずつ変わりました。

0：100のように極端な考え方をするのではなく、少しずつ努力を積み重ねられるようになったり、ほかの誰かと比べてではなく、今までの自分と比べてどうかな？と考えられるようになってきました。**自分のすべてを変えようとするのではなく、〝今のまま〟を感じ、〝そのまま〟を尊重しながら、そのうえで無理のない範囲で変えられそうなことを探して、行動**できるようになったんです。

そうしたら、日々の体調もメンタルの状態も改善してきて、ダイエットもうまくいくようになりました。すべてを否定しながら、自分にムチ打ってがんばろうとしていたときは、うまくいかなくて悲観していたのに、**自分にかける言葉をやさしいものに変えたり、自分が感じていることと向き合う時間を増やしたり、五感を意識した生活を送っていく中で、できることが増えて、自然と20kgも体重が減ったん**です。

まずは、今の自分を感じることから始めてみましょう。がんばりすぎて疲弊していたり、自分の感情が迷子になっているなら、ゆっくり休んだり、やさしい言葉をかけてあげてみてください。そんな自分への小さな寄り添いが、ほかの誰かではない〝自分のまま〟での変化につながっていきます。自分を置き去りにすることなく、ゆっくり遠くまで、自分とともに変化し続けていくイメージです。

自分に敏感になれば ストレスと上手に付き合える

ストレスは心だけでなく体でも感じるもの。感じると、交感神経が優位になり、体は緊張して血管が収縮し、呼吸も浅くなります。ストレス過多な状況が続くとダイエットだけでなく健康も阻害してしまうので、ストレスには早めに気づいていくことが大切です。**心と体に意識を向けていくと、自分のストレス反応やモヤモヤにも敏感に気づく瞬間が増える**かもしれません。自分のストレスやモヤモヤした感覚に気づいたら、それにふたをせず、じわじわ感じることでストレス度を下げたり、体を休めたりゆるめたりすることも、心と体にとっての重要なケアになります。

そして、ストレスに気づいたら距離感を調整することも役に立ちます。例えば、一緒にいて疲れる人がいたら、2人きりで会わないようにしたり、距離を調整したり……。**人との関わりで無理をしないことも、自分を尊重するセルフケア**になります。

さまざまな環境や変化、刺激などもストレスになるので、ストレスを受けることを

前提にして、そのストレスとの付き合い方を工夫してみることもおすすめです。

誰もが、日常生活の中で何かしらのストレスを抱えています。そして強いストレスが続いていれば、食欲がわかない、よい睡眠がとれない、便通にトラブルが起こるといった具体的な不調が出てきます。

そんな健康ではない状態では、当然ダイエットもうまくいきません。

対人関係のストレスをゼロにすることはできませんが、何が（誰が）ストレスなのかがわかれば、どうすればできるだけそれを避けられるのか、その人と会う回数を減らす、会った後は何か気が晴れることをする、など、そのダメージを軽減する方法を考えることができます。

そうやって**ストレスによるダメージを減らすことで、ダイエットも成功しやすくなっていく**のです。

とくに**今まで何度もリバウンドを繰り返している方は、ただ食べる量を減らすという〝食事面のみ〟では、なかなかうまくいきにくい**だろうと思います。ぜひ、今まで目を向けていなかったメンタルに目を向けてみてください。

自分の感じたことを
大切にして、
心と体の“今”に意識を向け、
無理はしない。
“やせメンタル”が
ダイエット成功のカギです！

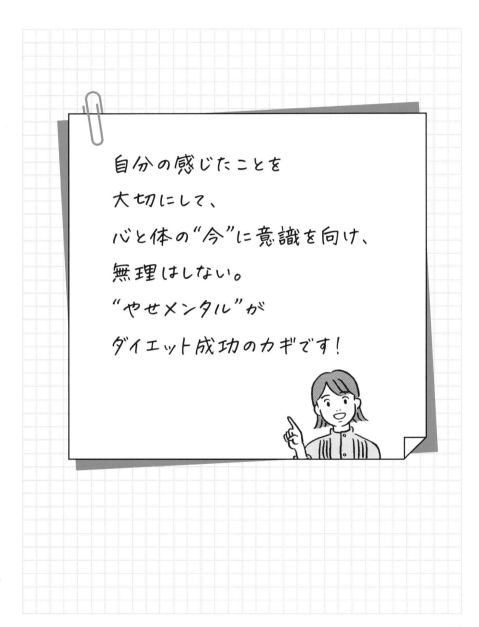

PART 3

第3章

体と心を
内側からととのえる
食養生

〝食べない〟のは逆効果！ちゃんと食べたほうがやせるんです

櫻井　「ダイエットしよう！」と考えたとき、まず思いつくのは、食事の量を減らすことですよね。糖質を摂らないなど、必要なものまで抜く極端なダイエットに「効きそう」と飛びついてしまって、「続けられない……」と挫折しがちです。

本島　はい、すごく覚えがあります……。とにかく〝食べなければいい〟と考えて、いざトライしてみると、「あんなに我慢したのにこれしか体重減ってないの？」とショックを受けたり、我慢が限界にきて暴食してしまったり……。

櫻井　最近は、SNSで誰かが紹介しているダイエット法を真似する方も増えています。でも、たとえほかの誰かがやせた食べ方だとしても、それが自分に合っていなければやせません。場合によっては、体調を崩したり、かえって太ったりするかもしれない。万人がやせられる食べ方なんてないんです。

本島 そうなんです！ 憧れのモデルさんやインフルエンサーさんが紹介している方法が、全員にとっての正解じゃない。だから、「あの人はやせたのに私は……」なんて、落ち込まなくていいんですよね。

櫻井 それよりも必要なことは、まず1章の体質チェックで自分の体質を知ること。するとこの章で、体質に合った食べ方・食材がわかります。どんなふうに食べればやせやすい体をつくっていけるのかをお伝えしていきます。

本島 私もそうでしたが、どんな食べ物に太る原因があるのか、知らない方も多いですよね。やせると思って食べているものが、代謝を下げる原因になっていたり。私も、もし食事を変えていなければ、20kgもやせられなかったと思います。

櫻井 運動などももちろん大切ですが、やせたいのであれば〝どんなものを食べるか〟〝何を食べないのか〟という食の面は、やはり最も比重が大きいですよね。

本島 はい。でも、この本で提案する食べ方は、〝ちゃんと食べる〟〝カロリーは気にしない〟が基本。ストイックな食事制限ではないので、安心してくださいね。

櫻井 がんばらないが鉄則ですから、みなさん、おいしく食べてやせましょう！

食べないダイエットが成功しない理由

やせるために何かをしようと思ったとき、多くの人が手っ取り早く試してみるのが、〝食べない〟または〝極端に減らす〟という方法ではないでしょうか。でも、その方法は間違いです。**ちゃんと食べないと、やせません。**

必要以上の量を食べている場合は、〝必要じゃないもの〟を食べるのを減らせば、やせます。けれど多くの人は、〝必要じゃないもの〟だけを減らすのではなく、本来必要なものまで一気に減らし、とにかく〝食べない〟という方法を選んでしまいます。するると、体はどうなるか。実は、**食べないとかえって太りやすくなるのです。**

その理由のひとつは、体には一定の状態を維持しようとする働き（ホメオスタシス）が備わっているから。食べる量や摂取カロリーが一気に減って急激な体重減少が起こると、体は飢餓状態になったと判断し、もとの状態を維持するために脂肪を溜め込みやすい状態になるのです。さらに、**命を守るために省エネモードになるので、基礎代**

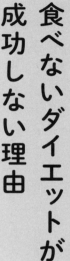

謝も下がり、脂肪が燃焼しにくい体になってしまいます。その結果、少ししか食べてないのに脂肪がつく、以前と同じ量しか食べてないのに太る、という悪循環が起こり、一時的に体重が減ったとしても、すぐ停滞し、そしてリバウンドしてしまうのです。

もうひとつの理由は、間違った食事制限によってたんぱく質の摂取量が減ることで、筋肉量が減るからです。また、極端な食事制限で摂取カロリーが大幅に不足した場合にも、体は筋肉を分解することでそれを補おうとします。その結果、**脂肪燃焼に欠かせない筋肉の量が減り、基礎代謝の低い太りやすい体になってしまう**のです。

さらに、食べないダイエットをすると、便秘を招きやすくなります。食べる量が減ることで腸への刺激が減り、次第に腸の動きが悪くなってしまうのです。食物繊維も不足しがちになるので、腸内環境はどんどん悪くなり、ニキビや肌荒れにもつながってしまいます。

やせるためには、消化吸収や排出に関わる臓器が健康で正しく働く必要がありますが、食べなければそれらの臓器も不調になっていきます。すると、正常な働きができなくなり不要物を溜め込むようになるので、結局やせられないのです。

やせたいならまず食べること。やせる食養生の大原則です。

食べることへの罪悪感は〝ちゃんと食べる〟で解消できる

何度もリバウンドを繰り返している、という方も、おそらく〝食べない〟という極端な食事制限を行っているのではないでしょうか。

食べなければ気血水のもとが不足するので、体はどんどん弱ってしまいます。ホルモンバランスが崩れ、生理不順になる、冷えるなどの不調があらわれやすくなります。そのまま間違ったダイエット法を続けていれば、自律神経も乱れ、メンタルの状態も確実に悪くなっていきます。

メンタルの状態が悪くなると、寝られないなど睡眠にもトラブルが出てきて、ますます体もメンタルも不調に……と、悪いサイクルにおちいってしまうのです。

体質でいえば、「グッタリさん（気虚）」や、「ピリピリさん（気滞）」の状態になっていき、さらに**食べないダイエットを繰り返していれば、その体質の偏りが強まり、気血水すべての巡りが悪くなっていく**のです。

繰り返しになりますが、体と心は互いに影響し合っています。どちらかが弱ってきたら、時間の差が多少あれど、もう片方も必ず弱ってしまいます。

リバウンドを繰り返さないため、体と心の健康のためにも、〝食べない〟という方法でやせようと考えるのは、もう卒業しましょう。

私もちゃんと食べてやせました。ダイエットがうまくいかなかったときは、カロリーばかり気にしたり、量を制限しすぎて、リバウンドを繰り返していたんです。ダイエット中の方から、「どうしても食べたくなっちゃうんです」と相談されることがありますが、それは、生きていればめちゃくちゃ自然なことなので、食べたい自分を否定しないで認めてあげて、と最初にお伝えしています。**生きることは、食べること。食べることに罪悪感を持つ必要なんてない**んです。

もし罪悪感を覚えてしまうなら、それは今、体も心も弱っているというサインです。**そうした罪悪感も、実はちゃんと食べることで解消できます**。体というのは心の器なので、体が健康になっていけば、心も安定していくのです。

カロリーは気にしなくて大丈夫 体を冷やさないためにはむしろ必要

〝ダイエット＝1日の摂取カロリー数の上限を決めて、その数字以下に収めること〟と、最近でも思っている方がいらっしゃいますが、**基本的にカロリーは気にしなくても大丈夫です**（カロリー制限が必要な病気の場合などは除きます）。

そもそもカロリーって何でしょう？　カロリーとは簡単に説明すると、熱をつくる量のこと。体に摂り入れたときにつくれる、熱量の目安です。

カロリーを見て、〝その数字のぶん脂肪がつく〟ようにイメージしてしまっているかもしれませんが、それは間違いなんです。

数字だけを気にしてしまうと、本当に大事な部分が見えなくなってしまいます。

1日のカロリーさえ低ければ、お菓子だけでもOK？　そんなはずはないですよね。

とはいえ私も、ダイエットがうまくいかなかった頃はカロリーをめちゃくちゃ気にしていました。朝昼晩のカロリーを気にするのはもちろん、間食をするときにはゼロ

キロカロリーのゼリーなどを選んでいました。

でも、**ゼロキロカロリーのものだと、食べても満足度が低いので物足りなくて、結局たくさん食べてしまいがち**です。そして「こんなに食べちゃった、私ってダメだ……」と自分を責める原因になったりするんです。

ゼロキロカロリー、低カロリーなどの食べ物は体内で熱をつくれないため、そうしたものばかり食べていると、体の中が冷えてしまいます。**冷えれば内臓の動きも悪くなり、気血水の流れもどんどん滞っていくので、かえってやせにくい体になる**んです。

ですから私は、今はカロリーをまったく見ていませんし、「カロリーではなく原材料を見てください」とお伝えしています。最近では、どこにでもカロリー数が表示しあったりして、いかにもカロリーを気にしないといけないような風潮ですが、あえて言います。カロリーを最優先で気にしなくても大丈夫。

それよりも、**添加物が多く含まれていないかどうかを重要視してほしい**と思います。

本当に私たちの体に影響を与えるのは、そちらのほうだからです。

食べても食べてもお腹が空くのは、心と体の不調のサイン

とにかく食欲が抑えられない、食べても食べても満足感がない、定食を食べた後にハンバーガーを食べ、デザートも食べ……と、いくらでも食べられてしまうような状態。**異常なほどに食べてしまうのは、あなたの意志が弱いとか、我慢ができないから、ではなく、心と体に不調が起こっているからかも**しれません。

「ストレスでメンタルがやられて、ドカ食いしちゃった……」というように、心の不調を認識している方は多いのですが、実は体にも不調が起こっているのです。

中医学の観点から見ると、このような状態は、**過度なストレスが溜まって胃に熱がこもった、〝胃熱《いねつ》〟という状態**です。手術が必要になるような病気とは違いますが、満腹感を感じられない、心身が通常とは違う異常な状態にある、と考えます。こういう場合、漢方薬を用いることもありますが、**〝清熱《せいねつ》〟という余分な熱を冷ます作用のある食材を摂ることで落ち着かせる**、という対処法があります（P129参照）。

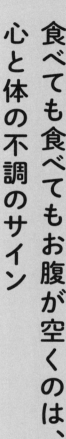

〝胃熱〟になる方は、仕事や学校、プライベートでストレスがあり、考え込んでしまっている状況が多くみられます。何らかの方法で発散させないと、そのモヤモヤが体の中に熱として溜まり、その熱が胃に集まってしまうのです。

ストレスが強くかかっているせいで胃がおかしな状態になり、ドカ食いをしてしまっているのに、自分では「お腹が空いている」と思っているかもしれません。でもそれは、**本当の食欲を感じているわけではない**のです。

そして、そのまま必要以上に際限なく食べていれば、胃腸はずっと消化活動をしなければいけなくなり、当然負担がかかります。

やがて胃腸が不調になり、その状態が続けば気血水を十分に作れなくなってくるので、体も心もさらに不調になります。ですから、その**食欲を意志の力でどうにかしようと考えるよりも、清熱の食材を摂ること、また、不調の原因であるストレスをどうにか軽減できないかを考えてみる**のもひとつの方法です。

また、極端に〝食べない〟というダイエットを続けた場合も、我慢の反動がドカンときて、暴食することはありえます。

我慢できなくなるほどに自分を追い込まないでくださいね。

常に甘い味を欲するのは胃腸が弱っているからかも

みなさんは甘いものが好きですか？　きっとほとんどの方が「好き！」と答えることでしょう。僕も甘いものが好きで、ときどき食べたくなったら我慢しないで食べるので、「甘いものが食べたい！」という欲求があるのはよくわかります。

食事でお腹（体）は満たされているのに、食後に甘いものを食べたくなる。それは、心が欲しているからです。そんなときは、無理やり我慢してストレスを溜めるよりも、食べていいです。それが毎日・たくさん、でなければ、**甘いもので心を満たすことはストレスフリーでダイエットを継続していく助けになります**。

ただ、いつもいつも甘い味を欲する場合は、心ではなく体が甘さを欲しているのかもしれません。**胃腸が弱っていると、常に甘い味が欲しくなる**のです。

1章でもお伝えしたように、中医学では胃腸などの消化吸収を行う機能を〝脾〟といいます。脾は甘い味と深く関係しているので、甘い味を頻繁に欲するということは、胃腸が弱っていてそれを補おうとしているのかもしれないのです。**常に甘いものが食べたい人は、胃腸をいたわるような食事（P110～参照）を意識すると、甘いものへの欲求がおさまる**かもしれません。

また甘い味には、体を元気にしてゆるめてくれる作用があります。ですから、**どこかが痛いときにも甘い味を欲する**ことはあります。疲れたときや、生理でお腹が痛いときなどに甘い味を欲するのは、ごく自然なことなんです。

もうひとつ、胃腸が弱っていなくても、頻繁に甘いお菓子を食べたり、ジュースを飲んだりしている場合は、それらに含まれる甘みに依存している可能性があります。砂糖や人工甘味料、ジュースなどに入っている異性化液糖は、さまざまな研究で依存性が高いことがわかっています。いきなりやめるのは難しいかもしれませんが、少しずつ減らしていくことが好ましいです。

このように、〝なぜ甘い味を欲するのか〟には何かしら理由があります。「甘いものがどうしてもやめられない」と悩んでいるのなら、それはただ「甘い味が好きだから」という理由だけではなく、不調によって体が欲している場合もあることを知っておきましょう。

甘い味中毒から
どうやって抜け出せばいい？

「明日から甘いものは一切やめる！」という極端な決意は、実は逆効果かも。想像以上に心と体が負担を感じるので、過食の原因になってしまうのです。私も、そんな決意をしたときはことごとく続けられなくて、それどころか暴食の引き金になっていました。

例えば、以前の私はカフェラテの中毒で、コンビニの甘い甘いカフェラテを1日3杯は飲んでいたんです。その頃は、今より太ってもいたし、いつも眠く、体調もよくありませんでした。カフェラテだけが不調の原因ではないけれど、常に甘いものや甘いドリンクが手放せなくて、どうしても欲しくて買ってしまう必需品でした。

それをどうやって減らしたかというと、**〝いきなり全部をやめる〟という極端なことを自分に押しつけるのをやめて、〝少しずつ調整しながら変化させていく〟**という方法でうまくいきました。**意識したのは、〝1〜3割変化させる〟**。質や量、食べる頻度など、調整できることを1～3割ほど、やめてみたり変化させます。

私の場合は、コンビニで何種類もあるカフェラテの原材料を見比べて、乳化剤などの添加物や糖質量が少ないものに変えたり、小さなサイズを買うようにしました。

その後、自分で作るようになり、ミルクとコーヒーに少しハチミツを入れて、好きな甘さにしていました。お店で買う場合は、カフェやコーヒー専門店などの甘さを調整できるカフェラテに変えてみました。そうしているうちに、毎日買わなくてもすむように。ミルクの量も少しずつ減り、苦手だったブラックコーヒーまで飲めるようになりました。そんな工夫を続けた結果、コンビニの甘いカフェラテ中毒から抜け出せたんです。**いきなり「飲まない！ 食べない！」と思うと、いつかドーンと反動が来る**ということをさんざん経験したからこそ、ここまで行けたから、次はこれをやってみよう、これもできたから、じゃあ次はこっち……というような感じで、**無理せず少しずつ変化するのが、実はリバウンドのない最短ルート**だと気づけたんです。

チョコレートも大好きですが、原材料にこだわったものやカカオ70％以上のものを選んだり、お家で使う甘味料を生ハチミツ、オリゴ糖や原料糖など栄養価の高いものに変えたり……。少しずつ調整することで、甘いものへの依存を弱めていけますよ。

気血水が巡ってやせる！中医学的よい食べ方の7か条

中医学の観点で考えるよい食事の条件には、基本となる7か条があります（左ページ参照）。この7つを守ると健康な体が維持しやすいという目安です。これらを心がけて食べれば胃腸に負担がかからず、食べたものから気血水がきちんと作られ、さらにそれがしっかり巡る体になるので、体も心も健康になり自然とやせていきます。

とはいえ、毎食すべての条件を満たすのは難しいですよね。ですから、この中で優先してほしいことをひとつ挙げるなら、1の「温かいものを食べる、飲む」です。

その理由は、**胃腸は冷やされると弱ってしまう**からです。

胃腸が冷えて弱る↓消化吸収がうまくできない↓気血水が十分に作れない↓体全体も冷えるので、気血水の巡りが悪くなる↓体内に不要物が溜まり、またそれを排出できなくなる↓太る、病気になる、という悪いサイクルにおちいってしまいます。

まずは、冷たいものを食べたり飲んだりする量や回数を減らしてみましょう。

中医学的 よい食べ方の7か条

1 暖食《だんしょく》:温かいものを食べる、飲む

冷たい飲食物は胃腸を冷やし、冷えたことによって胃腸が正常に働かなくなっていくので、食べ物も飲み物もできるだけ温かいものを摂りましょう。

2 淡食《たんしょく》:味つけは塩分控えめの薄味に

濃い味、つまり塩分過多は、胃腸を弱らせ、不調を招く原因になります。また、おかずの味が濃いと、ご飯が進むので食べ過ぎてしまう可能性が高くなります。

3 暢食《ようしょく》:食事は楽しく、気持ちよく

食べるときは「おいしい」「楽しい」という明るい気持ちで食べたほうが、消化吸収もスムーズに進みます。買ってきたお惣菜でもお皿に移すなど、目にも楽しくなるようにして食べましょう。

4 専食《せんしょく》:ながら食いをせず、食事に専念

スマホ、テレビ、新聞などを見ながら食べるのではなく、食べるものを見て、香りを嗅いで、しっかり噛んでよく味わい、食べることに集中しましょう。

5 少食《しょうしょく》:ボリュームは控えて腹八分目に

適度な量を越えてお腹いっぱいまで食べると、胃腸の負担が大きくなります。腹八分目がわからない場合は、食後に眠い、だるい、苦しくて動けない、などの状態になっていないか確認を。そうならない量が、腹八分目です。

6 慢食《まんしょく》:ゆっくりと時間をかけて

“早食い”をしているということは、よく噛んでいないということです。よく噛まないと、胃腸の負担が大きくなります。また、脳の満腹中枢から「満腹だよ」という信号が出るより前に必要以上の量を食べてしまうなど、食べ過ぎにつながります。

7 潔食《きっしょく》:新鮮で良質な食材を選ぶ(=旬のものを食べる)

旬の食べ物は、そのときの気温や湿度に体を適合させる働きを持つものが多いので、できるだけ新鮮な旬の食材を食べましょう。

体質に合わせた食べ物で気血水をととのえよう

残念ながら、〝これを食べれば誰でもやせる！〟というような魔法の食材はありません。ですが、食材にはそれぞれ働きがあり、〝元気を補う食材〟〝体を温める食材〟〝余分なものの排出を促す食材〟〝こもった熱を冷ます食材〟などなど、体に対して働きかける効能を持っています。

そうした**食材の効能を利用して偏った体質を改善することが、〝食養生〟**なのです。

そして、太りやすい体質タイプそれぞれに働きかける食材もたくさんあります。

どの体質にも共通する食事の基本的な考え方は、**1年を通して主食になる米、いも類、小麦などはある程度同じものを続けて食べてもOK、主菜や副菜は旬のものを食べる**、です。

これを心がけると、おかずが季節によって自然と変わっていくので、必然的にたくさんの種類の食材を食べられます。そのようなバリエーションに富む食事を基本としつつ、体質に合わせた食べ方も意識するといいでしょう。

例えば、1章の体質チェックで「グッタリさん（気虚）」に当てはまった場合は〝気を補う〟食材を、「ピリピリさん（気滞）」に当てはまった場合は〝気を巡らせる〟食材を、とそれぞれの体質の偏りを補う食材を意識的に摂れば、偏りを改善していくことができるのです。「モッタリさん（痰湿）」と「ドロドロさん（瘀血）」にも、同様に働きかける食材があります。

ここまではすべての人に意識してもらいたい基本的な食養生を紹介してきましたが、次ページからはそれぞれの体質に合わせた〝やせる食養生〟をご紹介します。ぜひ参考にしてみてください。

たくさんのおすすめ食材を挙げていますが、それらを「すべて摂らなきゃ」「毎日食べなきゃ」と思う必要はありません。今の自分の体質に合う食材を2〜3個覚えておいて、「ちょっと調子が悪いな、夜はあれを食べてみよう」というふうに日常にいかしましょう。

そうやって**自分で簡単にできる食事の調整法を持つことが食養生であり、また、やせやすい体をつくることにつながる**のです。

グッタリさん 気《き》虚《きょ》のための やせる食養生

このタイプは、体と心を動かす気＝エネルギーが足りず、お疲れ気味の状態なので、まず必要なのは、気を補う食材を摂ることです。

とくに、じゃがいも、さつまいもなどのいも類やかぼちゃなどのホクホクした野菜は、**気を補う働きにすぐれた食材**なので、積極的に食べましょう。

また、米類も気を補給し、胃腸を元気にしてくれます。あまり食欲がないときや、お腹やお肌の調子が悪いときは、お粥がおすすめ。**お粥は〝食べる胃腸薬〟**です。

いも類やお米などの炭水化物が元気を補ってくれるので、**糖質制限ダイエットをするのはNG**。ますます元気がなくなり、動けなくなってしまいます。

「炭水化物は糖質だから太るんじゃない？」と心配な方もいらっしゃるかもしれませんね。でも、大丈夫です。

お米やいも類にはたしかに糖が入っていますが、それはブドウ糖やスクロース（砂

おすすめ食材				
	いも類	かぼちゃ	きのこ類	豆類
	かぶ	アスパラガス	にんにくの芽	エシャロット
	アボカド	ぶどう	さくらんぼ	納豆
豆腐	うずらの卵	うるち米	もち米	いわし
たら	ぶり	あなご	えび	牛肉
鶏肉	豚肉	羊肉	なつめ	甘酒

糖やショ糖）のような糖単体ではなく、食物繊維と一緒になった状態です。また、お米やじゃがいもなどの野菜の炭水化物には、糖質のほかにも食物繊維やビタミン類などの、体に必要なほかの栄養素が一緒に入っています。

ですから、甘いお菓子と比較すると、糖の吸収速度はゆるやかで、栄養バランスも格段にいい。食事のときにご飯を軽くお茶椀に1杯食べる程度であれば、心配する必要はありません。

また、**食べる元気も出ないという人は、まず眠りましょう。**

もうヘトヘト……と実感しているようなときには、食べたものを消化することすら体にとっては負担になります。食べたせいでますます疲れてしまうかもしれないので、そういう場合は眠ることを優先してください。

まずはぐっすり眠って体と心を休めないと、ダイエットもうまくいきません。

ピリピリさん 気《き》滞《たい》のための やせる食養生

このタイプは、気がうまく全身を巡っていないために気分が安定せず、イライラする↓怒る↓落ち込む、を繰り返してしまう状態です。イライラからつい暴飲暴食に走りがちでもあります。

まずは気を巡らせる食材を意識して摂りましょう。**香りの強いものが気を巡らせるので、柑橘《かんきつ》系の果物や、香草（ハーブ）、スパイスなどを積極的に利用**するのがおすすめです。

日常的に摂りやすいのは、熱を冷まして気を巡らせるグレープフルーツ。コーヒーやエナジードリンクをがぶ飲みするよりも、イライラしたら果汁100％のグレープフルーツジュースを飲みましょう。

また、料理に薬味としてついてくるようなものが、気を巡らせてくれます。かけそばの上のねぎ、刺身に添えられたしそ、わさびやしょうが、肉や魚料理に添えられる

おすすめ食材				
	ピーマン	玉ねぎ	春菊	セロリ
	クレソン	パクチー	パセリ	バジル
	三つ葉	みょうが	しそ	にんにくの芽
柑橘類	ライチ	そば	スパイス類	

クレソンやパセリ。飾りだと思って残すのではなく、全部食べましょう。ターメリック、クミン、カルダモン、ナツメグなどのスパイスをたっぷり使って作るカレーや、ミント、ジャスミン、カモミールなどのハーブティーもおすすめです。

柑橘類の香りは、食べるのはもちろんのこと、嗅ぐだけでも気が巡ります。例えば、サラダやおかずにレモン、すだち、ゆずなどの果汁をかけ、鼻から香りを吸い込んで、香りを存分に堪能しながら食べると、五感も刺激されます。必ずしも、柑橘類でなければいけない、というわけではありません。**自分が「いい香り～」と感じる香りを優先**してOKです。

気をつけてほしいのは、スパイスなどがよいからと、刺激が強いものを摂りすぎること。おいしく感じる範囲を超えた**激辛のものなどは、胃腸には負担が大きく、食べると胃腸が弱ってしまいます。**

胃腸が弱れば、気の巡りが滞るだけでなく、ほかの不調も招くことになり、かえって太りやすくなってしまうので要注意です。

モッタリさん 痰《たん》湿《しつ》のための やせる食養生

本来は排出すべきものをうまく排出できず、体にヘドロのような不要物を溜め込んでいるのがこのタイプ。**甘いもの・揚げ物やスナック菓子などの油っこいもの・味の濃いものは不要物を生み出しやすい**ため、もし毎日のようにそういったものを食べているなら、まずは量や頻度を減らすことを考えましょう。

そのうえで、不要物を排出する働きを持つ食材を意識して摂りましょう。**手軽に取り入れやすいのは海藻類**です。こんぶ、わかめ、あおさ、ひじき、海苔などを食べてください。味噌汁やスープに入れれば簡単に食べやすいと思います。海苔は、できれば味つけ海苔よりプレーンな焼き海苔を選びましょう。

主食のご飯に関しては、玄米は白米よりも胃腸に負担がかかるため、基本はおすすめしていません。ただし、溜め込んでいるものを排出する働きが強いので、モッタリさんに限っては玄米もおすすめです。食べる場合には、よく噛んでください。

おすすめ食材				
	きゅうり	レタス	玉ねぎ	ねぎ
	なす	白菜	セロリ	まいたけ
	緑豆もやし	ぶどう	キウイ	小豆
玄米	はとむぎ	こんにゃく	寒天	あさり
かに	鮭	海草類	緑茶	

ほかの体質も重なっている場合は、玄米ではなく普通の白米か、分づき米を食べましょう。

そして注意してほしい点がふたつあります。ひとつは、納豆、オクラなど、健康によさそうなネバネバ食材。これらの食材は、栄養面で優れている点ももちろんあるのですが、食べるときによく嚙まずに飲み込んでしまいやすいという欠点があります。モッタリさんは早食い・大食いの傾向が強いので、ネバネバ食材を食べるときには、かきこまないように気をつけて、いつも以上によく嚙むことを意識しましょう。

もうひとつは、水の飲み過ぎ。水はカロリーゼロだからと、ダイエット中の空腹を紛らわせるためにがぶ飲みしたり、代謝がよくなると誤解してたくさん飲む人がいますが、**水を飲み過ぎると体内に不要物が溜まりやすくなります**。冷たい水だけでなく、白湯などの温かいものでも、量が多すぎれば体にいいとはいえません。

のどが渇いたと感じたときには常温の水をひと口ずつ飲む、を習慣にしましょう。

ドロドロさん 瘀血《おけつ》のための やせる食養生

このタイプは、血が汚れた状態で巡りも悪くなっていて、体が冷えています。

まずは、**冷たいもの、甘いもの、油っこいものを摂りすぎない**ことを心がけましょう。

〝冷・甘・油〟はすべて、胃腸に負担をかけ、不要物を排出しにくくなったり、体の中を冷やすことにつながります。

例えば、「ビール、アイス、チョコレート、ファストフードは控えめにしましょうね」と言われたとして、「食べるものがなくなるじゃん！」と慌てる人は、体をつくる原料としての普段の食事が相当偏っているということ。もちろんこれらを頻繁に食べ続けていれば、血の汚れも進行し、太る原因にも、体調を崩す原因にもなります。

冷たいものは氷入りの飲み物やアイスクリームだけでなく、体温より冷たい食べ物全般を指します。**ヘルシーで健康によさそうな生野菜サラダやヨーグルトも冷たいもの**です。舌をみて厚い苔がついているときは、体質的に合わないので、食べ過ぎない

おすすめ食材	玉ねぎ	なす	チンゲン菜	クレソン
	にら	みょうが	エシャロット	黒豆
	パセリ	バジル	ローズマリー	ブルーベリー
クランベリー	桃	納豆	黒米	こんにゃく
ししゃも	いわし	さんま	さば	鮭
うなぎ	黒糖	酢	味噌	酒粕

ようにしましょう。

温かいものを食べる、体を温めるものを食べることも対処法のひとつではありますが、それよりも体を冷やすものを減らすことを優先してください。

そういうものを減らしたうえで、**玉ねぎやにらなどの、血行を促し、血のかたまりを解消させるような働きを持つ食材**を食べましょう。いわし、さば、さんまなどの青魚も、血を巡りやすくする食材なので、積極的に摂ってください。

もちろん、〝冷・甘・油〟を絶対に食べちゃダメとは言いません。ただ、毎日、毎食、にならないよう、できるだけ違うものを飲んで食べることをちょっと意識してみてください。体をつくるものの質をよくすることは、ダイエットに直結します。

甘い味が欲しいときは、ハイカカオのチョコや130、131ページでご紹介している素材にこだわった甘いものにするなど、我慢するよりちょっとだけ工夫してみましょう。

一番簡単で効果的なやせる方法は よ〜く〝噛む〟こと

お金もかからず、今日からすぐできるダイエット効果の高い方法があります。**体質を問わず、どんな人にも有効なダイエット法、それは〝よく噛むこと〟**です。まずは、**食事のひと口目だけでも、30回噛むように意識**してみましょう。

噛むことの一番のメリットは、胃腸の負担を減らす、ということです。

噛むという行為は、初期消化。単に食べ物を飲み込みやすくするだけでなく、消化の第一段階なんです。よく噛まないで食べると、食べ物のかたまりを小さく小さくして消化液と混ぜ、ドロドロにするところまでを、すべて胃が行うことになります。

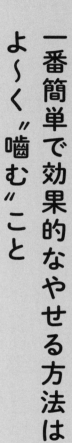

ビニール袋にかたまりのまま食べ物と消化液を入れて、ドロドロになるまでずっともまなければいけない、と考えてみてください。時間がかかるし疲れそうですよね。

しっかり噛まずに飲み込むということは、胃にそれと同じことをさせているということなんです。毎回それを行っていたら、胃に負担がかかるのは当然です。がんばらなくてはいけないので疲れやすくなり、次の腸にも負担がかかります。**胃腸が弱れば、負のループが起こり、太るし体調も悪くなる**のはお伝えしたとおりです。

たくさん噛むと満足度が高くなり、物理的にも食べるのに時間がかかるため、大量に食べる前に脳の満腹中枢から〝お腹いっぱい〟という信号が出ます。結果、食べ過ぎる前に満腹を感じられる。だから、**よく噛むだけでやせやすい体になる**のです。

とくに**しっかり噛んでほしいのは、クヨクヨと思い悩みがちな人。**

中医学では、〝胃腸に負担がかかると思いわずらうことが増える〟と考えます。理由は、消化吸収を担当している〝脾〟が、〝思い〟という感情とつながりが強い臓腑《ぞうふ》だから。よく噛まないで食べていると、悶々《もんもん》と悩みやすくなるのです。

ただし、口は構造的にものを飲み込もう飲み込もうとするので、かなり意識しないとよく噛めません。毎回何十回も噛めなくても、ひと口目だけは30回噛む。その次の食事では、ふた口目も。そうやって、噛む回数を増やしましょう。

あの手この手で早食いグセをリセットしよう

私はもともと食べるのがとても早く、そのせいでなかなか満足感が得られなかったり、同じ時間で人より多く食べてしまっていました。

でも、調べていくほどにデメリットしかないことがわかり、「どうすれば早食いをやめられるかな？」と多くの方法を試しました。効果を実感したものをご紹介します。

噛む回数を意識しようと思っていてもすぐ忘れてしまう人におすすめなのは、**回数ではなく〝固形物が口の中で離乳食ぐらいになるまで〟をイメージする**こと。普段早食いの人は、それだけでも噛む回数がかなり増えるはずです。離乳食よりさらになめらかになるくらいまで噛むのがベストですが、まずは離乳食レベルを目指しましょう。

もうひとつの提案は、スプーンを小さなものに替えること。大きいスプーンで口の中いっぱいに入れてしまうと、余計に噛まずに飲み込むようにして食べてしまう可能性が高いので、小さいスプーンで食べてみましょう。

さらに、噛むときに目をつむるという方法も効きます。スマホなどを見ながら食べていると、よく噛むことなんてすっかり忘れてしまいがち。でも**目をつむると、食べているものの味や香り、口の中に意識を向けやすくなります**。

何人かで食事をするときに使えるテクニックは、**一番ペースが遅い人に合わせて食べる**ことです。食べるのが遅い人は、ひと口食べたら、しばらくモグモグと噛んでいたり、途中で話をするときにはいったん箸を置いていたりします。そうした様子を真似するだけでも、今より少し時間をかけて食べられるようになりますよ。

ちなみに、噛むことには美容面でもうれしい効果があります。よく噛むと、顔の筋肉の運動になるんです。今まであまり噛んでいなかった人は、**噛むことを意識し始めると、フェイスラインが少しすっきりしてくる方も多い**はず。また、唾液の中には肌細胞に働きかけるような物質も含まれています。その物質がヒアルロン酸などを増やす信号を出し、**唾液が多いほうが、美肌にもつながる**といわれているんです。

どの方法でも構いません。試してみて、続けやすいものを続けてみる。毎回はできなくても、最初のひと口だけは30回噛む。そうしたことを意識するだけで、やせやすい体になっていきます。

食養生のコツ

五感を刺激しながら食事に全集中

食事をするときには、五感を全部使って楽しんで食べましょう。**食事って生活の中で、一番簡単に五感を一度に感じやすい行為**です。目で彩りを見て、鼻で匂いを嗅いで、口と舌でおいしさを味わい、噛むときの音を耳で聴いて。また、歯ごたえや舌触りは触感につながりますし、器やカトラリーの温度や手触りも感じられますよね。

私が実践しているのは、彩りと食感をできるだけ足すことです。例えば、サラダには必ずトマトの赤を足して、さらにナッツなど食感の違うものも足します。実際にSNSにはアップしなくても、〝映え〟を意識してみると、自動的に視覚的にも楽しめて、栄養バランスもよくなるので、おすすめです。**食感の違うものを足すことで、自然と噛む回数もアップ**しますよ。

できれば**テレビやスマホを見ながらではなく、食事を楽しむことに全意識を集中**させましょう。五感を働かせるということは、2章でお伝えした自分の感覚をきちんと感じられるようになるためにも、とても役に立ってくれます。

油を替えて細胞レベルで健康やせ

やせやすい体を目指すなら、まず油の〝質〟を替えましょう。なぜなら、一般的な油は、抽出のプロセスで化学的な薬剤を使っていたり、加熱処理によって酸化が進んでいるから。酸化の進んだ油を摂取すると、体内の炎症の原因に。炎症は細胞の劣化につながるので、シミやシワの原因になったり、不調や肥満を招きます。

酸化してないものを摂ることが大切なので、〝低温圧搾〟の油がおすすめです。

私も妊娠を機に食事を見直してからは、それまで使っていたサラダ油をやめて、調理用の基本の油は、低温圧搾のオリーブオイルやごま油、グラスフェッドバターや発酵バターに替えました。そのほかにも、ココナッツオイル、アボカドオイル、マカダミアナッツオイルなどもおすすめ。どんな油でも開封と同時に酸化が進むので、〝お得な特大ボトル〟よりも小さいボトルを選び、新鮮なうちに使い切りましょう。

また、外食での揚げ物や、原材料に植物油脂、マーガリン、ショートニングが入っているものを食べるのは、体内の炎症の原因になるのでできるだけ控えましょう。

良質な調味料で〝やせ味覚〟にチェンジ

〝やせる食材〟〝やせるサプリ〟を探すよりも、**ちょっと高くても品質のよい調味料を料理に使うことで、〝やせ味覚〟を手に入れる**ことをおすすめします。

調味料は毎日摂るものなので、人工的なもの、化学的な処理をされたものを体に入れていると味覚が鈍り、薄味では満足できなくなります。すると、こってり濃厚な味、油っこいもの、過度に甘いものを求めるようになり、太りやすくなるのです。

油はもちろんですが、〝みりん風調味料〟ではなく本物のみりん、料理酒でなく、安いものでよいので純米酒を選ぶ、醤油や塩もちょっといいものに替えてみましょう。**薄味でも満足できるようになり、味の好みも変わるので、やせ味覚になれます**。

調味料にこんな金額を出すなんてと思うかもしれませんが、もっと高額なサプリを買ったりしていませんか。**先々で体調を崩し、病気になったときの治療費などを考えたら、何百円か高い調味料を買うほうがお得**です。本みりんや純米酒ならスーパーでも買えますし、ネットなども活用し、こだわりの調味料をぜひお試しください。

異常な食欲は清熱食材でクールダウン

「食べても食べても、満足できなくてまだ食べたい」という状態のときには、トマトを食べてみてください。１０４ページでもお伝えしたように、異常に食欲があるのは、胃熱という症状かもしれません。ストレスによって体の中に熱が溜まり、それが胃に集まってしまった状態なので、**〝清熱〟という熱を取る働きのある食材を食べると落ち着く**んです。

トマトは調理せずそのまま食べられるという意味でおすすめですが、**なす、ズッキーニ、ゴーヤ（苦瓜）などの夏野菜や、セロリなどの苦みのある野菜も清熱野菜です。果物なら柿、すいか、キウイフルーツ、梨、バナナ**などが清熱の働きを持っています。**緑茶、カモミールやローズヒップティー**も同様です。

生野菜サラダは、通常の状態のときには体を冷やすので控えめにしたほうがいいですが、「食べても食べても……」のときは、大量でなければ食べてＯＫです。

食欲が落ち着くまでは、しょうがやねぎ、にらなどの熱を生む食材は控えましょう。

欲望も栄養も満たす甘い味を選ぶ

私は和菓子、とくにあんこが大好きです。**甘い味が欲しいときは、洋菓子より和菓子を選ぶ**ようにしたり、スライスしたさつまいもをココナッツオイルで焼いて、ほんの少し塩をまぶして食べたりしています。

アイスクリームがどうしても食べたくなったら、冷凍フルーツをチョイスします。冷凍マンゴーをそのまま食べたり、冷凍ブルーベリーをヨーグルトに入れて食べると、ヘルシーな上に満足度も高いです。

「甘いものは我慢！」ではなく、食べたいなと思ったら、より栄養価の高いもの、より質のいいものを選択するようにしています。

もちろんアイスを食べることもありますが、植物油脂なども添加されているラクトアイスではなく、アイスクリームと表示のあるものを選ぶようにしています。

ここでも、〝今よりも1～3割できること〟を意識して食べると、選ぶクセが徐々に身についていて、食生活そのものも少しずつ変化していきますよ。

甘みが欲しいなら、ハチミツや果物を

「甘いものへの欲求が抑えられない」という方は、〝甘い味〟のバリエーションを増やしてみましょう。いわゆるお菓子以外にも甘い味の食べ物はたくさんあります。

例えば、輸入食品店やオーガニック食品のスーパーなどで、ナツメやクコの実といった中医学の観点でもおすすめのおやつを購入できます。また、**黒ゴマペーストにハチミツを混ぜると和菓子のような風味になり、そのまま食べるととてもおいしい**です。

積極的に食べてほしいのが果物です。食べ過ぎるのはNGですが、板チョコを一気に1枚よりは、りんごを1個食べるほうがはるかにいいです。

そして、いつも同じものではなく、その時期ごとに旬の果物を選びましょう。また、梨や柿、りんご、バナナなどは、ぜひ〝焼いて〟食べてみてください。そうすれば体を冷やす心配がありませんし、甘みも強く感じられます。量の目安は、梨やりんごなら、1／2個。柿なら1個、バナナなら1本。オーブントースターやフライパンで5～10分くらい焼くと、果肉の食感も変わってデザート感が増しますよ。

食養生のコツ

お菓子のファミリーパックは買わない

お菓子をつい食べ過ぎてしまう方は、基本的には家に置かない、をルールにして、**食べたい衝動に襲われたときに、〝そのタイミングで買いに行く〟**という方法を試してみてください。絶対に食べてはダメというわけではないので、始めやすいと思います。すぐに食べられる状態にあると誘惑に勝てない方でも、食べるまでに1プロセス必要になると、「やっぱり面倒くさいからいいや」となるときもあります。そうなればラッキーですし、それでも食べたいときは、食べていいです。

そのうえで、ファミリーパックを買うのはやめましょう。小分けになっているから一見いいような気がしますが、そこに安心すると小袋ひとつでやめようとしても、残りを「ちっちゃいから大丈夫」と続けて食べてしまいがちです。

やせたいと思っているなら、お菓子を毎日食べるのはやはり控えたい。買うなら**〝食べ切るぶんだけ〟〝1回に1種類だけ〟**にしてみましょう。

食養生のコツ

意外なものにひそむ大量の糖に要注意

「甘いお菓子は食べません」という人でも、知らず知らずのうちに大量の糖を摂っている場合があるので、**何でも成分表示を見るクセをつけることをおすすめ**します。

例えば、「全然食べてないのに、体調が悪いし太ってしまって……」という方の話を聞いたら、毎朝エナジードリンクを飲んでいることが原因だったことがありました。エナジードリンクには大量の砂糖とカフェインが入っています。飲むと一時的に血糖値が急激に上がるので、目は覚めるかもしれませんが、体への負担も大きく、甘さや強い刺激には中毒性もあります。エナジードリンクなどにはなるべく頼らないようにして、休息や睡眠をとれる生活へのシフトを心がけ、体をいたわりましょう。

また、〝糖類ゼロ〟をうたっていても、〝アスパルテーム、アセスルファムK、スクラロース〟などの人工甘味料が入っていることも多く、これらは砂糖の数百倍甘く感じるように作られています。たくさん摂っていると、味覚を感知する舌のセンサーが鈍化し、甘みの強いものでないと満足できなくなるので、気をつけましょう。

食養生のコツ

糖質制限中でもご飯は食べて！

一世を風靡《ふうび》した〝糖質制限〟ですが、中医学ではひとつの栄養素だけを急に減らす食べ方は推奨していません。もちろん、栄養士や医師の指導のもとにきちんと糖質制限を行えば、ある程度余分なものが落ちてやせるでしょう。ですが、**「ご飯さえ食べなければオッケー」と勝手な自己解釈で行っている場合は、期待したようにはやせない**と思います。実際、「糖質制限してるんで、ご飯もパンも食べてません。でもお菓子はたまに食べます」という方がいらっしゃいますが、それではやはり本末転倒だし、続けていれば体のバランスはどんどんおかしくなっていきます。

糖質制限をしたいなら、ご飯、パン、パスタなどを減らすのではなく、まずお菓子を制限しましょう。とくに白米は、中医学では体を温めることも冷やすこともしない平性という性質の食べものなので、毎日食べるのに向いています。胃腸にもやさしく、元気を補い、イライラや胸苦しさを軽減する働きもある食材なので、よく噛んで食べれば主食を減らす必要はありません。

食養生のコツ

お酒を飲むなら、おつまみにひと工夫を

「お酒が大好きで、やめたくない」、そんな方もいるでしょう。飲み過ぎないで、楽しむぶんには構わないので、次のようなことを意識してみてください。

キンキンに冷えたもの、氷を大量に入れたものは控える。とくに1章の体質チェックで「モッタリさん」「ドロドロさん」タイプだった方は、要注意。冷たいものをたくさん飲むと、その体質の傾向を助長してしまいます。ビールは体を冷やしやすいので、量を減らしたり、ワインや日本酒などに替えましょう。

枝豆、緑豆もやし、しじみは、〝解酒《げしゅ》〟といってお酒の毒を抜く働きを持っています。外でも自宅でも、枝豆や緑豆もやしをお酒のお供にするのがおすすめです。

同じように、**グレープフルーツ、かぼす、オレンジ、柿**などにも解酒の働きがあります。生グレープフルーツサワーのように、実際の果実を使ったものを選ぶとよりいいですね。果汁の少ないサワーやノンアルコール飲料は、人工甘味料が入っているものが多いので、買うときに成分表をよく確認してみましょう。

食事で体も心も満たしながらダイエットはゆるく継続しよう

ダイエット中だとしても、友人との楽しい食事や飲み会に参加するなら、目いっぱい楽しんで飲んで食べてください。

「どうしても食べたくなってビールと唐揚げ頼んじゃった、やせるためには絶対よくないのに……」なんてモヤモヤ考えながら食べるのは、消化にもよくありません。

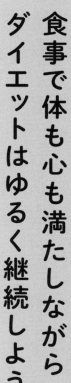

もし仮に、翌日体重が1kg増えていたとしても、その結果を甘んじて受け入れましょう。それに、1kgくらいはむくみによって増えることもあると思いますが、人間の体はひと晩で10kg増えたりはしません。

ダイエットのことは忘れて飲んだり食べたりすることがあっていいし、ワイワイ楽しい時間が過ごせたなら、それは心の栄養補給になっていますよね。それでいいと思います。

堕落を許すという気持ち、堕落する日、もあっていいんです。たまには、揚げもののあとに、冷たいアイスクリームを食べてもいいです。その後でお腹を壊すかもしれないけれど、それをきっかけに「もう少し体の声を聴いて食べるようにしよう」と思えるようになるなら、必要な経験です。

あれこれ気にしながら食べていると、せっかくの好きなメニューも味わえず、いまひとつ満足感を得られず、その鬱屈《うっくつ》から翌日またたくさん食べてしまったりします。気になるなら**食べ過ぎた次の日を抑えめにすればいいし、トータルで考えて、一週間くらいで帳尻が合えばいい**と思います。〝がんばらない〟というのはそういう意味で、そのくらいゆるくないと続けられません。

ダイエットも何度だってまた始めればいいんです。一度挫折したからって、自分を責める必要はない。一度挑戦した自分、もう一度トライしようとしている自分をむしろほめてあげてください。

そして次は、**続けにくい極端な方法を選ぶのではなく、自分の体質に合っていてこれなら続けられそうと思える方法を選ぶ**ようにしましょう。

できるときにできることをやればいい。楽しむときは思いっ切り楽しむ。

それが、やる気1％からはじめるダイエットのコツです。

自分に合った
食べ物・食べ方で
体質の偏りを解消すれば、
“太りやすい体質”が
“やせ体質”に変わります！

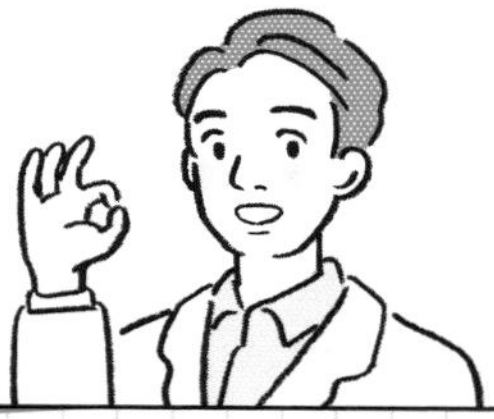

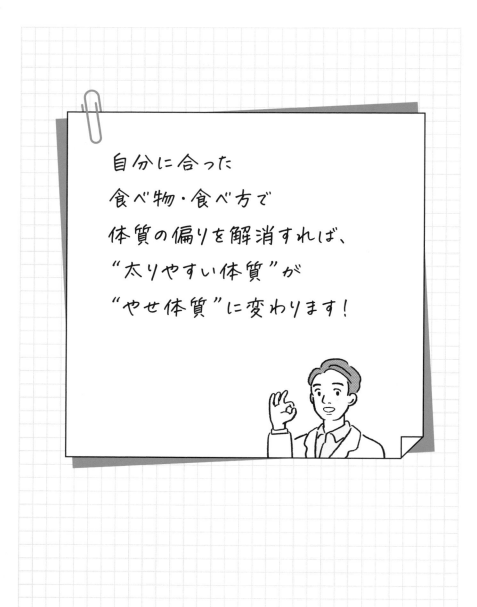

PART 4

第4章

体と心を
外側からととのえる
ボディケア

自分の体に触れることで、体と心の声に敏感になれる

本島 食べ物、食べ方で体の内側からのアプローチをしつつ、体の外側からもやせる養生を実践してみましょう、というのが4章です。やる気が出ないとき、時間がないときでも、やりやすいものを考えてみました。

櫻井 やりやすいことは大事ですね。できる人、やりたい人はもちろんしてもいいのですが、意気込んで急に高負荷な運動を始めても結局続かないですから。

本島 私は、すごくモチベーションが高い日にしかハードなことはできないので、普段何気なくできるようなライトなことを細く長く続けています。

櫻井 そう、無理は続きませんからね。

本島 この章では、1章の体質チェック（P42〜）の結果のタイプごとに、それぞれ体がどんな状態になりやすいのかを櫻井さんにうかがい、それをもとに私がタイプごとに考案した、おすすめのマッサージやストレッチなどをご紹介します。

櫻井　マッサージすることは中医学の観点から見ても有効ですし、ストレッチはどれもやりやすくて、ここに効いてるなということが実感できますね。

本島　ありがとうございます。〝マッサージする＝自分の体に触る〟ことは、やせるためはもちろん、自分の体と心の声を聴くためにもぜひやってみてほしいです。

櫻井　たしかに、自分の体ってそんなに細かく見たり触ったりしないですもんね。

本島　そうですよね。触っていると気づけるようになりますが、例えば、負荷がかかっているところがすごく張ったりしています。張っている理由が必ずあるので、ケアしていくことで自分の生活を広く見直すきっかけにもなるはずです。

櫻井　なるほど。自分で自分の体の調子をざっくりとでも把握して、自分で調整できるようになる。それはやせるためにも大切だし、健康面でもすごくいいことです。〝養生〟ってそういう意味だし、この章で紹介しているマッサージなどは、まさに〝触れる養生〟ですね！

本島　はい。自分でできる〝触れる養生〟をぜひお試しください。

体にやさしく触れれば 食欲やイライラも落ち着く

私は以前、オールハンドで施術するエステサロンで働いていたので、人の体には日常的に触れていました。お客様の体に触れながら、ほぐして流すことで体がどんどん変化していく様子を見てきました。そして産後、自分でもセルフマッサージを取り入れました。無理なくできる範囲で継続する中で、触れることで変わっていく肌の質感やボディラインを、今度は自分の体で体感することができたんです。

体ってとても敏感で正直で、思考よりもっと速く、すべてのことを感じて反応しているるんです。頭では気づいていなくても、体は気づいている。例えば、誰かと一緒にいて、そのときは笑って過ごしていても、離れてからドッと疲れが出てしまったことありませんか？　相手の言葉や態度に反応して、体が緊張し心拍数が上がり呼吸が浅くなっていたのかもしれません。逆に、気がゆるんでホッとしたときにあくびが出たり、体が重くなったり、眠くなったり、というのも、体の緊張が解けて、バランスを

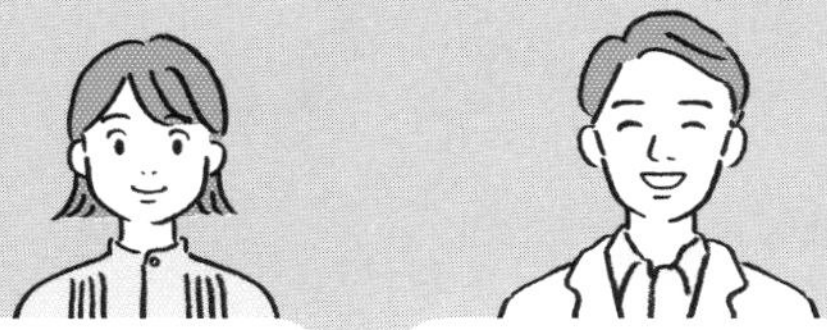

とるために休息しようね～というサインだったりします。

だから、こまめに自分の体に注意を向けたり、触ってどんな状態かな？　と感じてみたり、ただ自分で自分を抱きしめることも、体の反応と、さらに今の状態に気づいてあげるためにも、とてもいいこと。それに、単純にすごく落ち着きます。

緊張すると、つい顔を触ったり体を触ったりしますよね。小さい子が親に抱きしめられて安心感が得られることでもわかるように、**手で包み込む、接触して包むこと自体が気持ちを落ち着ける行為**です。ですから恐怖や不安、不快な気分を感じたときに、自分で体に触れたり、自分を包み込むようにして慰めるのは効果的です。

「食べたくてしょうがない！」みたいな衝動が襲ってきたときや、「なんだかイライラする……」というときにも、目をつむってその衝動に意識を向けながら、お腹を触ったり（P155参照）、頭部を両手で包んでみましょう（P151参照）。空腹感が徐々に落ち着いたり、ちょっとホッとしたり。頭でばかり考えがちなときに、感覚や体の状態に意識を向けるのも、がんばりすぎのクセを手放すことにつながります。

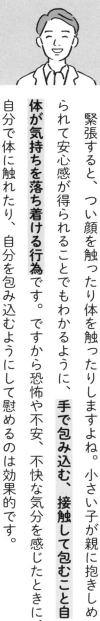

もむ・伸ばす・ツボ刺激で、気血水を循環させればやせる

この章でご紹介するマッサージやストレッチ、ツボを刺激するなどのセルフケアは、中医学の観点から見ても、やせるために有効です。

養生の古典には、〝流れる水は腐らない〟という言葉があります。**中医学では、〝滞る〟ということがさまざまな不調を生み出すと考える**のです。

水《すい》が滞ると痰湿《たんしつ》（モッタリさんタイプ）に、血《けつ》が滞ると、瘀血《おけつ》（ドロドロさんタイプ）に、気が滞ると気滞《きたい》（ピリピリさんタイプ）になっていきます。ですから、常にそれらが循環していることがとても重要なのです。

そういう意味でも、**マッサージでもんだりさすったりする、ストレッチで筋肉を伸ばす、ツボを押して刺激するなどの行為は、体の中に余分なものを溜め込まないため、むくみを解消するため、ひいてはやせるためにとても大事**です。本書では、体質別に抱えやすいお悩みに合わせた方法をご紹介しているので、当てはまるものをちょっとやってみるだけでも効果を実感しやすいはずです。

マッサージやストレッチはともかく、「ツボを刺激することは、やせることにどうつながるの？」と思う方もいらっしゃるかもしれませんね。

中医学には、体の中に気や血の通り道が張り巡らされているという考えがあり（西洋医学の血管やリンパ管とは異なります）、その通り道のことを経絡《けいらく》と呼びます。

ツボは、この経絡という通り道の上のあちこちに存在しています。鉄道に例えて、経絡が線路で、ツボが駅だと考えてみてください。体中に線路が張り巡らされ、線路上のあちこちに駅が点在しているというイメージです。複数の線路が交差しているターミナル駅もあります。**ツボを刺激すると、経絡を通じてそのツボとつながる五臓が刺激され、五臓の働きが活性化**します。それによって**滞っていた気血水の流れがよくなるので、結果的にやせることにもつながる**のです。

さらに今回は、一般的なツボ押しをちょっとアレンジしています。指先で押すのではなく、自重をかけることでラクに頭のツボを刺激できたり、ドライヤーの温風で足のツボを温める方法なら正確なツボの位置を探す必要がなく、初心者の方でも行いやすいです。そして何より気持ちいいので、ぜひ試してみてください。

セルフケアを行う際も がんばりすぎには要注意

このあと、タイプごとにおすすめのボディケアを3つずつご紹介していきますが、その前にセルフケアを行うときに心にとめておいてほしいことをお話しします。

まず、紹介しているもの全部を一度にやる必要はありません。**「できそう」「やってみたい」と思えたものを試してみましょう。**複数のタイプに当てはまった方は、該当するタイプのどのボディケアを選んでもOKです。トライしてみたものが無理なくできそうだと思ったら同じものを続けてもいいですし、その都度、気分次第で違うものをやってみるのもありです。

「ストレッチやマッサージはどのくらいやればいいの？」など、回数や時間を知りたいと思う方も多いと思いますが、自分の無理なくできる範囲を確認しながら続けることが大切なので、**回数や時間はその都度〝できる範囲〟で構いません。**やり方のところに具体的な数値が書かれているものも、あくまで参考程度で大丈夫です。

具体的な数値が書かれていないものについては、「あ～イタ気持ちいい」「しっかり伸びてる～」「硬かったのがほぐれてきた」「気分が落ち着いてきた」といった**効いている感覚や心地よさを得られたら、それでOKです。**

ストレッチやマッサージをするときは、**呼吸が止まらないくらいの負荷のかけ方、イタ気持ちいい程度の力加減が理想**です。

また、マッサージの際には、オイルやクリームを使いましょう。何もつけずにマッサージを行うと、手や指のすべりが悪くなり、肌に負担をかけてしまいます。いい香りのオイルやクリームを使えば、自然と呼吸が深くなります。呼吸を忘れないためにも肌のためにも、お気に入りの香りのアイテムを用意することをおすすめします。

【セルフケアを行う際の注意事項】

- **まずは短めの時間・少ない回数から試してみる**
- **痛みを感じるまでやるのはNG**
- **行った後、行う前より「心地いい」と感じられたらOK**

「キツい」と感じたら追い込みすぎの場合もあるので、時間・回数を減らす

セルフケアの効果をアップさせる3つのコツ

この章のセルフケアは難しく考えず、心地よさを重視して行えばOKなのですが、ちょっとしたコツを意識すると効果的に行えるので、そのコツをご紹介します。

●コツ1：「わたしの体、お疲れ！」と心の中で声かけする

みなさんはどんな気持ちでセルフケアを行っていますか？　私の場合、「お疲れさま〜」と心で声かけしています。以前は「太いなぁ〜」とか、自分の欠点ばかりが目について、厳しい声をかけながらケアしていました。つい厳しい声をかけてしまうなら、同じくらいねぎらいの言葉をかけたり、ケアできている事実を確認して声に出してみてください。

私は漫画が大好きなのですが、『はたらく細胞』を読んで、体の中で細胞や菌たちががんばって働いてくれていることをより実感してから、筋肉や、細胞たち、体内外の細菌たちに、「お疲れさま。いつもありがとう」と心の中で声をかけています(笑)。

硬く張ったり、こっている部分は、体の中でもとくにがんばってくれた部分です。あなたなりのねぎらいの声かけをしてみてください。

●コツ2：伸ばしたい部分に触れて、筋肉の感触を知る

ストレッチをするときに、「伸びていることを意識して」と言われても、どうすればいいのかよくわからない、意識しにくい、という人は、伸ばす部分をちょっと指や手で触ってみましょう。触ると意識が自動的にそこに向きます。伸びているときの筋肉の感触、張り具合なども感じられると思います。

●コツ3：触れられている体のほうに意識を向ける

セルフタッチやマッサージをするとき、どうしても触っている手に意識が向きがちになりますが、触られている体、肌のほうにも意識を向けると、セルフケアの質が上がります。とくにマッサージは、自分の身体感覚を育むことにもつながります。2章でもご紹介したように、自分の今の状態に気づく練習にもなるので、日常の中で体に触れて肌の状態や筋肉の張り感、温度を感じるだけでなく、触れられている部分に意識を向けて手の感触や心地よさを感じてみてください。そうすることで、体や心の反応をより敏感に感じ取れるようになっていきます。

グッタリさん 気《き》虚《きょ》のための やせるボディケア

このタイプはエネルギー不足なので、**激しい運動よりもまず必要なのは、体も心もリラックスさせること。**不安を感じやすいので、深呼吸しながら行うセルフタッチなどで、**不安やモヤモヤを感じていることに気づくことがとても大事。**自分に触れると自動的に体に意識が向くので、**触ったそのままの感覚を感じて、その感覚にとどまってみましょう。**それが自分を受容し、寄り添うことにもつながります。

また、このタイプは体を引き締める力が弱っているので、**下半身がぽっちゃりしがち。**骨盤をリセットしたり、太もものストレッチ、内もものマッサージなどで下半身の流れをよくしましょう。

東洋医学的にも、内ももには胃腸系、腎臓系、肝臓系に影響を与える3本の経絡があるので、まとめてマッサージすることで胃腸を元気にしたり、溜まっている水分を排出しやすくなったりします。

不安な気持ちをやわらげる

頭部のセルフタッチ

STEP 1

手のひらをまぶたの上に
そっと包むように乗せ、ゆっくり深呼吸。
手が触れている部分に意識を向けながら。

STEP 2

手のひらで耳と後頭部を包み、
ゆっくり深呼吸。

STEP 3

手をクロスして首を包み込み、
ゆっくり深呼吸。
1～3を気持ちが落ち着くまで繰り返す。

Memo

3つ全部ではなく、自分が「じわぁ～」と感じやすいものをひとつ選んで行ってもOK。間接照明やキャンドルの灯りだけにして行うのもおすすめです。

骨盤をゆるめて股関節周りをリセット

太もものストレッチ

STEP 1

あお向けになり、
足の裏を合わせてひざを両サイドに開く。
左右にゆらゆら動きながらキープし、
内ももをストレッチ。

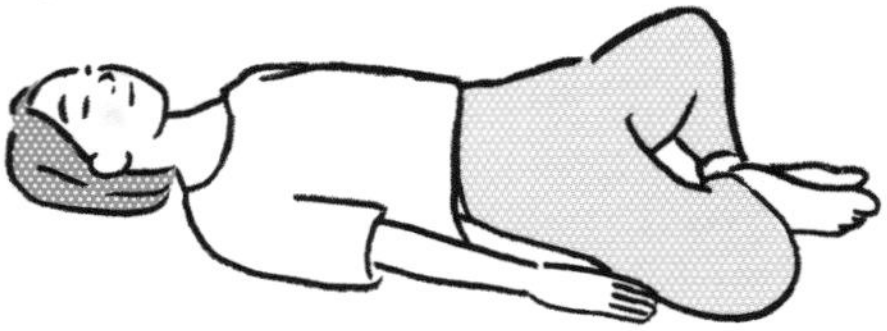

STEP 2

片方のひざを体に引き寄せてキープし、
太もものつけ根をストレッチ。

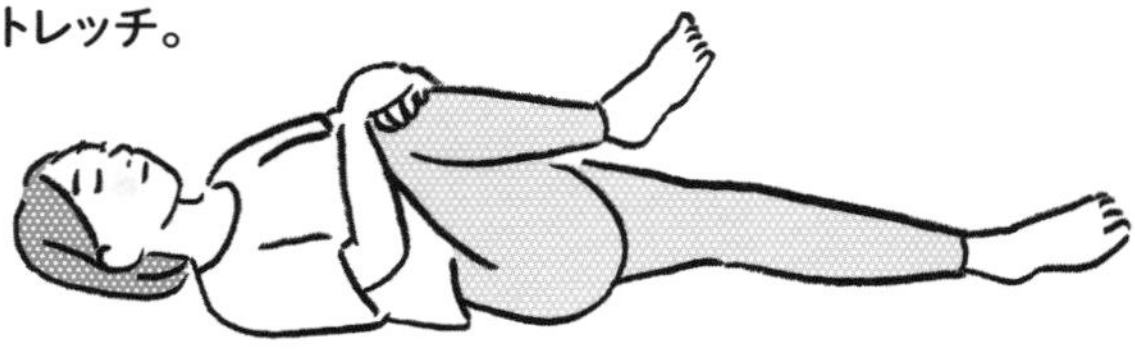

STEP 3

片方のひざを折りたたんでキープし、
前ももをストレッチ。
反対の脚も2、3を同様に行う。

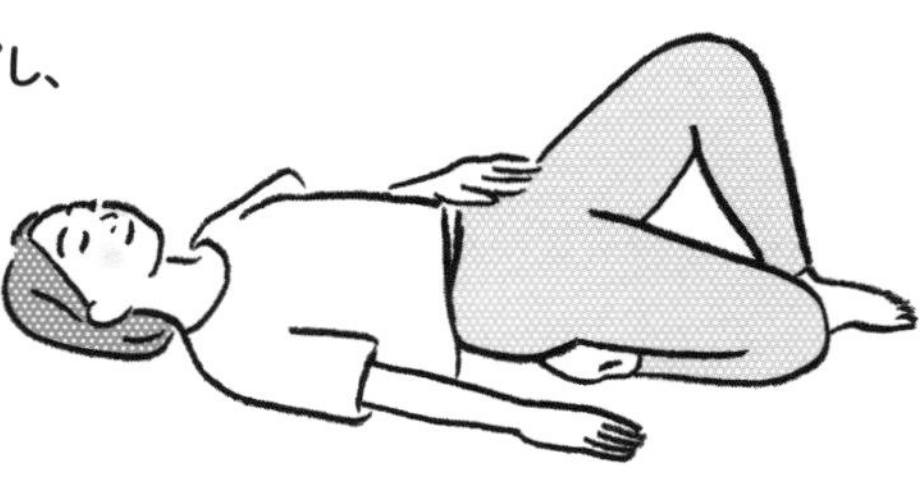

Memo

呼吸を止めないように、無理なく気持ちいいと感じられる範囲で行いましょう。生理前や生理中、夜寝る前にはとくにおすすめ。

溜まりやすい水分を押し流す

内もものマッサージ

STEP 1

内ももにオイルやクリームを塗る。
ひざの内側を猫の手
（親指以外の四指を曲げた状態の
第一関節部分）でぐるぐるとほぐす。

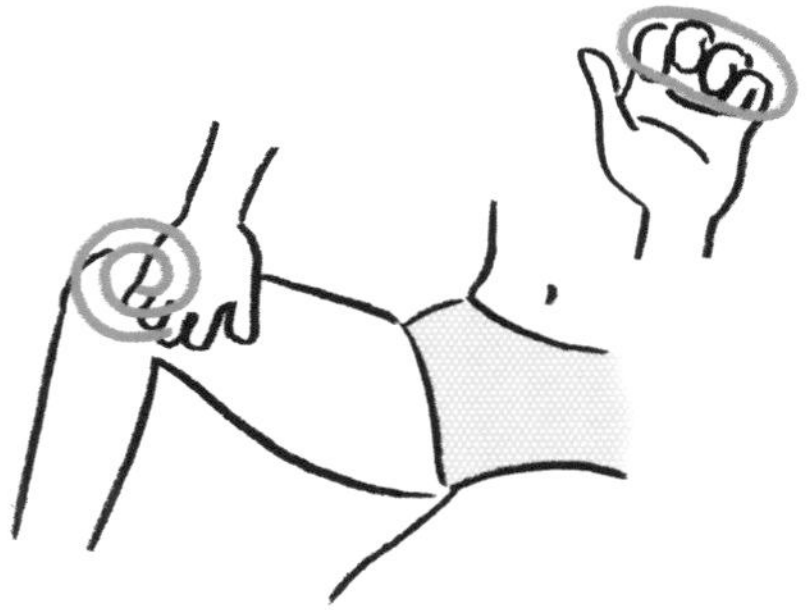

STEP 2

ひざからそけい部に向かって、
グーの手でほぐす。

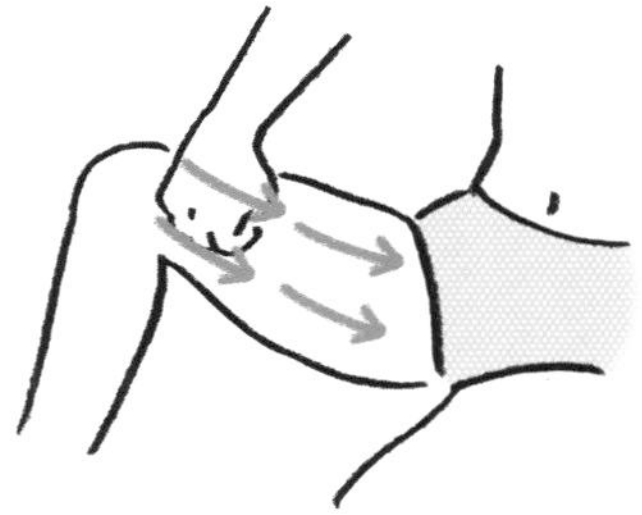

STEP 3

太ももの内側から外側に向かい、
両手で外へ外へとかき出すような
イメージで、ほぐしながら流す。
反対の脚も同様に。

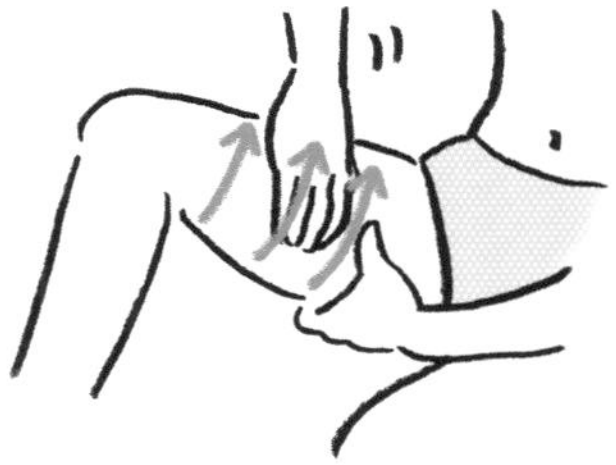

Memo

内もものほぼ中央にある無名穴（むめいけつ）というツボは、むくみ解消に効果的。このマッサージを行えば、同時にツボも刺激されます。

ピリピリさん 気滞《きたい》のための やせるボディケア

些細なことで怒ったり、その後すぐに落ち込み、またイライラ……と、アップダウンが激しいのがこのタイプ。**イライラが暴飲暴食につながりやすい**ので、空腹感や食べたい衝動が起こったら、胃腸のマインドフルネスを試してみましょう。続けていくと徐々に、自分の中の〝とにかく何かを食べたい感覚〟と〝体にいいものを選びたい思考〟との折衷案を見つけられるようになり、暴食が収まってきます。

また、**緊張しやすく、肩に力が入って上がっていたり、歯の食いしばりが多い**のも特徴なので、首を伸ばしてこわばりをほぐしたり、頭のてっぺんにある百会《ひゃくえ》のツボを刺激したりして、**交感神経から副交感神経優位になるよう、ゆるめることを意識しましょう**。ストレッチポールなどを使って、体の側面をほぐしたり、伸ばしたりしても、〝滞っている気〟がスムーズに流れやすくなります。

空腹感を落ち着かせる

胃腸のマインドフルネス

STEP 1

「食べたいっ」という衝動がおそってきたら、
お腹のどのあたりで
空腹感を感じているのか
手のひらで探ってみる。

STEP 2

「このへんかな」と思ったら、
そこに両手を当てて目を閉じ、
空腹感や食べたい気持ちを感じてみて。
ゆったりとした呼吸を意識しながら、
1～5分続ける。

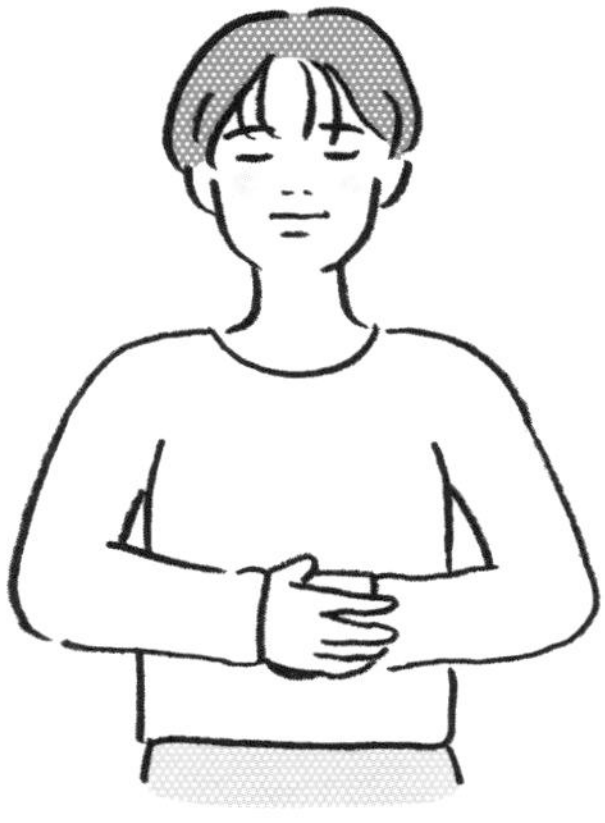

Memo

自分の衝動に注意を向けることで、“食べたい自分”に支配される感じが弱まって、食事内容を落ち着いて考えられたり、食欲との付き合い方を調整できることが増えやすくなります。

360度じっくりほぐす

首のストレッチ

STEP 1

両手を鎖骨の下に添えて、皮ふを押さえ
首をぐ〜っと後ろに倒す。

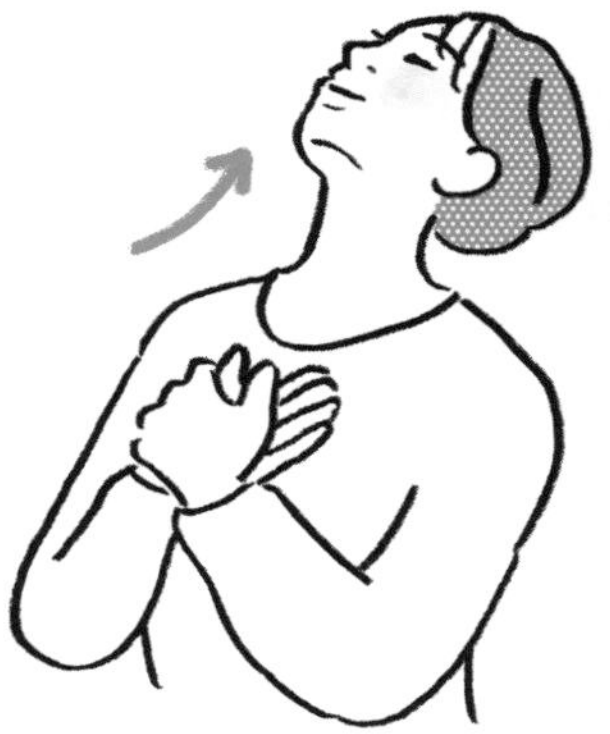

STEP 2

そのまま一気にグルッと回すのではなく、
1分くらいかけて、角度を少しずつ変えながら、
360度全方向にじっくりほぐしていく。
手はその都度、
首を伸ばしやすいと感じる位置に添えて。

Memo

頭に手を軽く添えて倒す方向にサポートしたり、首のサイドから後ろを伸ばすときは、片手を背中側に回すと、ほぐれ度がアップ。無理して伸ばさないで、気持ちよ〜くできる範囲で！

自律神経をととのえる

百《ひゃく》会《え》の自重ほぐし

壁を使って

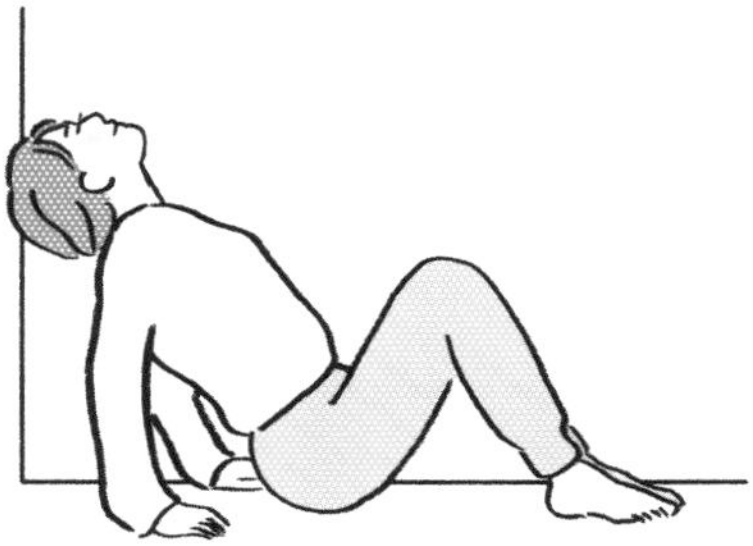

壁を背にして座り、
後ろの壁に頭頂部を押しつける。
頭を軽く前後左右に動かし、
頭頂部にある百会のツボを
自重で刺激しほぐす。
深い呼吸も忘れずに。

床を使って

STEP 1

両手両ひざをついた状態から
頭頂部を床につけて、百会のツボを
自重でまんべんなく刺激しほぐす。

STEP 2

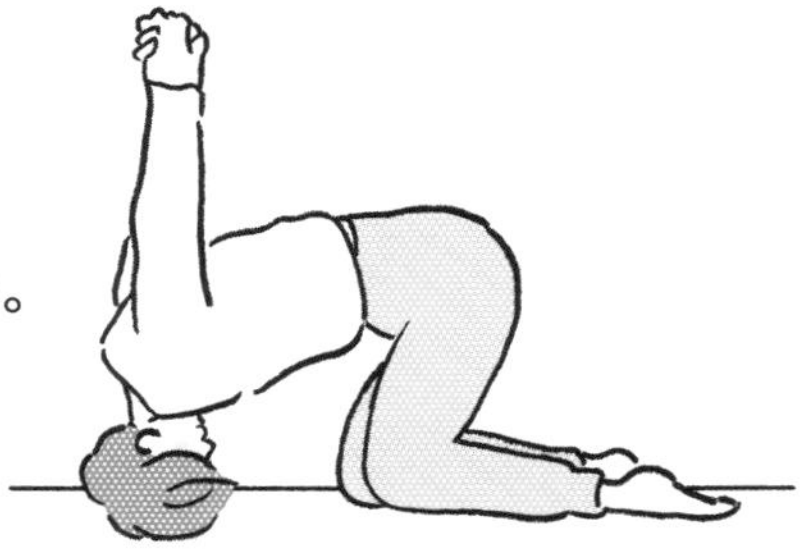

もう少し体重をかけたい＆
腕もついでに伸ばしたい場合は、
背中で手を組んで、腕も一緒にストレッチ。

※体重をかけすぎたり長時間やりすぎると
首を痛める可能性があるので、「心地よい」と
感じる範囲（長くても1分以内）を目安にしましょう。

Memo

壁でも床でも、首に負担をかけすぎないように、手でも体重を支えながら、調整しつつ自重をかけましょう。気圧や気温の変化で、頭痛やだるさを感じているときのお助けケアです。

モッタリさん 痰湿《たんしつ》のための やせるボディケア

甘いものやスナック菓子、揚げ物、冷たい飲み物、お酒などが大好きで、食べ過ぎ・飲み過ぎがたたってむくみ、**本来は排出されるべきものを体に溜め込んでいる**タイプ。リンパの流れも滞っています。

全身の水はけをよくする、外に流し出すことがポイントなので、**下半身を中心にケア**しましょう。むくみは全身の問題ですが、水は物理的に下に溜まりやすいので、タオルを利用したストレッチで下半身の水分の巡りを促したり、ふくらはぎをもむのがおすすめ。ふくらはぎ外側が硬く張っていることが多い場合は、**スネや、腓骨《ひこつ》の外側に沿ってマッサージすることで、溜め込んだものを排出**しましょう。

まずは足首を回すだけでもいいですし、元気がある人は運動やサウナで発汗を促すことで全身の水気を排出したり、**リンパの出入り口である鎖骨周りやわきの下をマッサージするのも◎。**

下半身全体の巡りをアップさせる

タオルストレッチ

STEP 1

あお向けになってタオルの両端を持ち、
片方のひざを曲げて
タオルを足裏にひっかける。

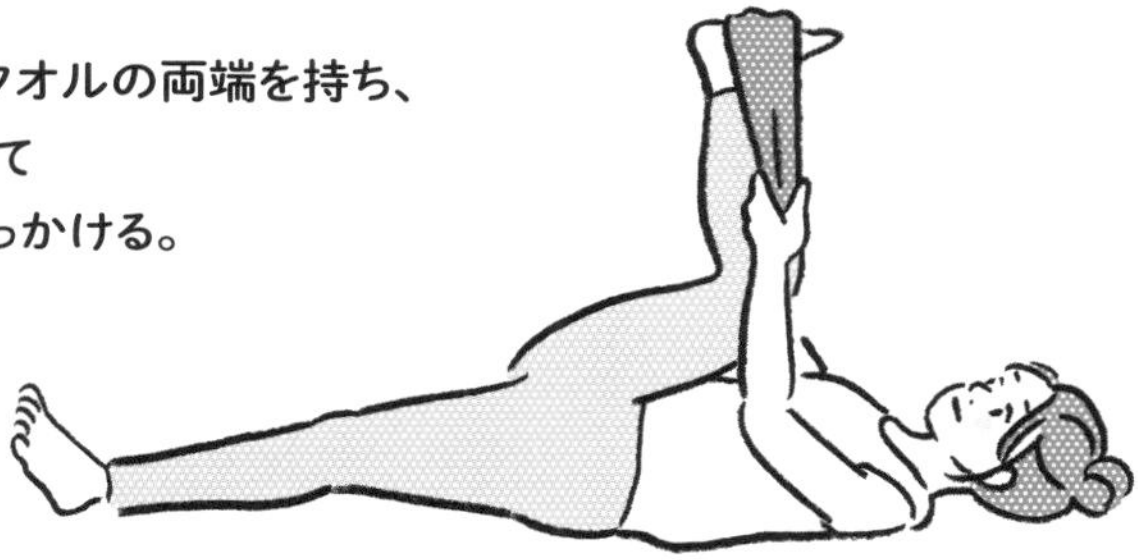

STEP 2

足裏を天井に向けて垂直に伸ばし、
ゆっくりとタオルを引っ張りながら脚の裏側全体を伸ばす。
心地よく伸びているなと感じる位置で
3～5回深呼吸しながらキープしたら、反対の脚も同様に。

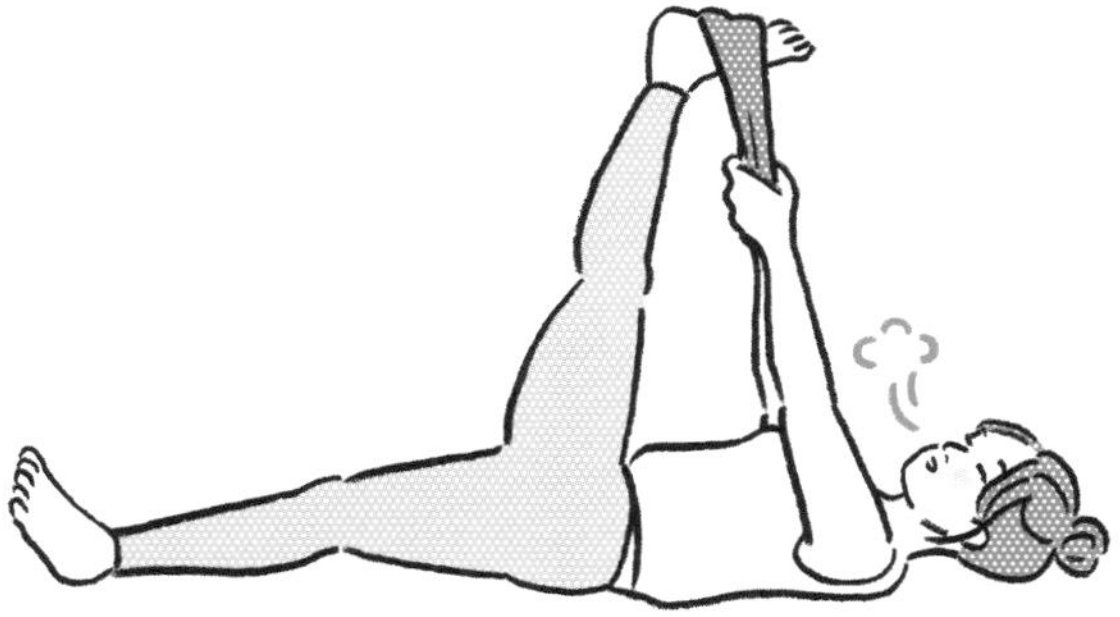

Memo

タオルを使うことで、体が硬い人でも効果的にストレッチできます。引き上げている脚のひざは、少し曲がっていてもOK。無理に引っ張りすぎないように気をつけて。

硬くなったむくみをほぐして流す

ふくらはぎ内側のマッサージ

STEP 1

足裏にオイルやクリームを塗る。
足の裏、とくにつちふまずを
入念にグーの手でほぐす。

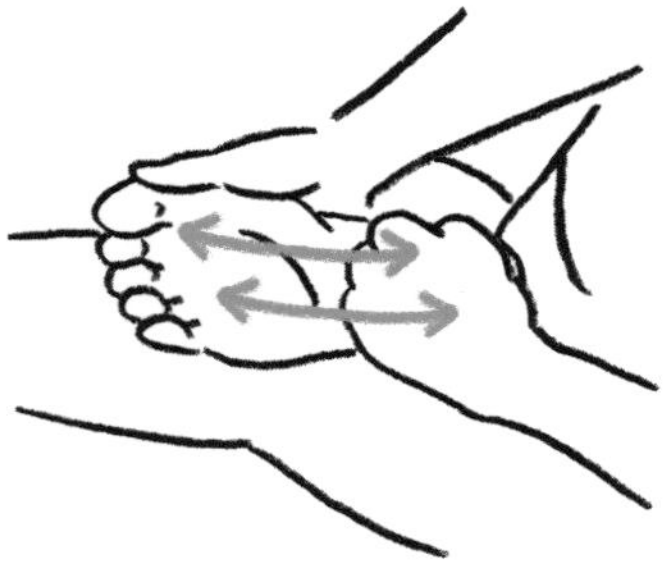

STEP 2

ふくらはぎにオイルやクリームを塗る。
ふくらはぎの内側、くるぶし上からひざの横まで、
全体をグーの手でほぐす。
最後に、ひざ裏に流すようにマッサージ。
反対の脚も同様に。

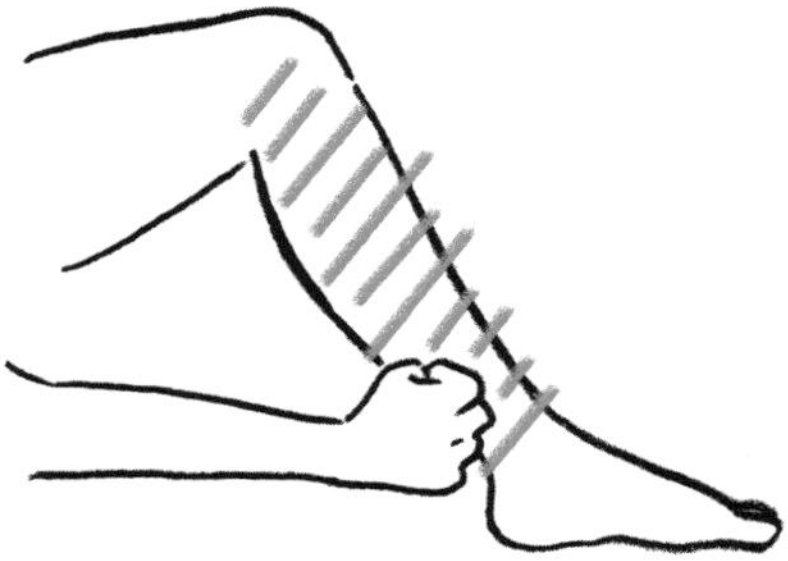

Memo

脚の内側はむくみでラインがぼやけやすいぶん、マッサージの効果を実感しやすいパーツ。

入念にほぐすとすっきりします。

パンパンな張りと重さを解消

ふくらはぎ外側のマッサージ

STEP 1

ふくらはぎにオイルやクリームを塗る。
手を軽く握り、人差し指と中指の第二関節でかぎづめをつくる。

腓《ひ》骨《こつ》（外側のくるぶしからひざまで伸びる骨）を
かぎづめではさみ、
腓骨に沿って上下にほぐす。
力加減は“イタ気持ちいい”
くらいで。

STEP 2

ふくらはぎの外側全体を、
親指を引っかけながら
雑巾しぼりをするようにほぐす。

STEP 3

グーの手でふくらはぎ全体を
まんべんなくほぐす。
前側も後ろ側もしっかりと。
反対の脚も同様に。

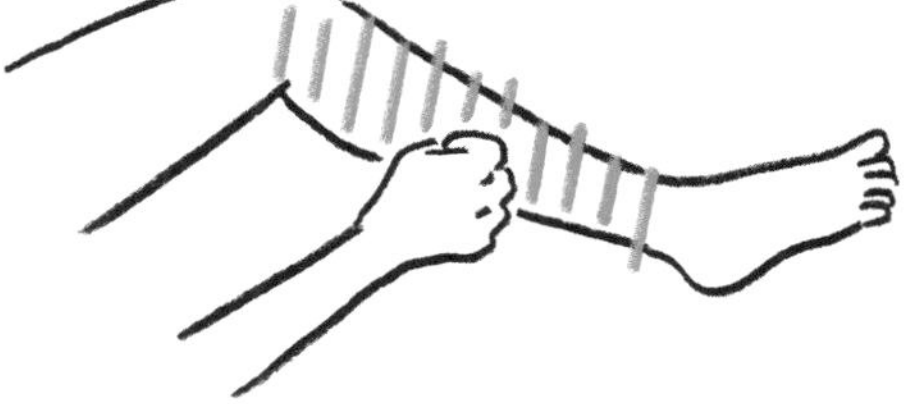

Memo

内股＆O脚の人はふくらはぎの外側が張りやすいので、このマッサージを習慣にして、負担のかかりやすい部分をいたわってあげましょう。

ドロドロさん 瘀《お》血《けつ》のための やせるボディケア

全身の血の巡りが悪く冷えているのがこのタイプ。なので、体を大きく動かすことが効果的ではありますが、「運動は好きじゃない……」という人は、まずは体を温めて血を巡らせることを考えましょう。自宅で簡単にできる対策として、ドライヤー温灸がおすすめです。

また、デスクワークなどでずっと同じ姿勢でいると、筋肉が固まり血の巡りも滞ってしまいます。**仕事の合間やランチ後などに、椅子に座った状態のままでできるストレッチ**をしてみてください。

日常のちょっとした合間にちょこちょこストレッチするだけでも、血流はアップします。屈伸やかかと上げを数十回するだけでもいいし、肩をグルグル回すなど、簡単な動きをするだけでもＯＫ。**手足を大きく動かすほど血流が促される**ので、同時に深い呼吸も意識しながら、やってみてくださいね。

温めながら血を巡らせる

ドライヤー温灸

STEP 1

左右の足先・足首のあたりに
ドライヤーの温風を当てる。

太衝穴（たいしょうけつ）：足の甲の、足の親指と人差し指の骨が交わるところの手前の、凹んだ部分。

三陰交（さんいんこう）：足の内くるぶしから、指4本分上。腓骨のすぐキワの部分。

STEP 2

左右のひざのあたりに
ドライヤーの温風を当てる。

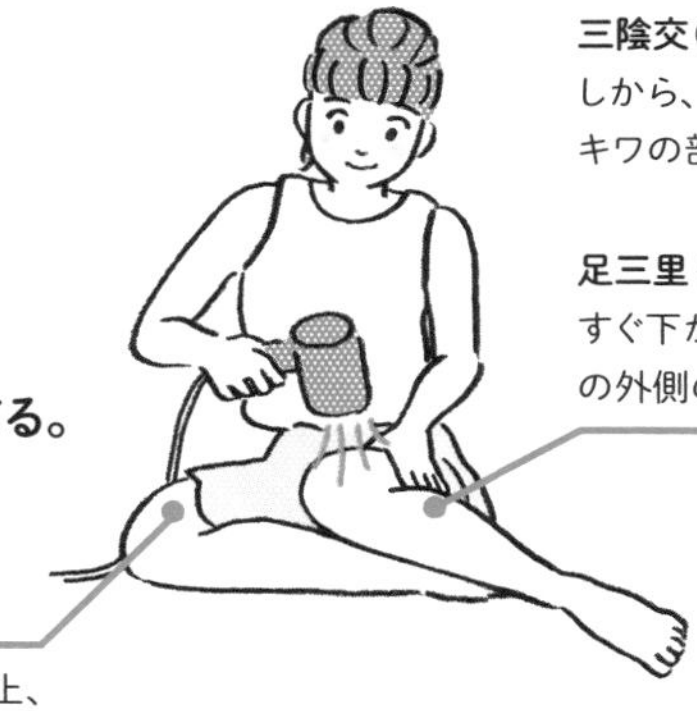

足三里（あしさんり）：ひざのお皿のすぐ下から指4本分下、スネの骨の外側の少しくぼむ部分。

血海（けっかい）：ひざのお皿の上、内側の角から指3本分上の部分。

STEP 3

おへその周りにクルクルと円を描くように、
ドライヤーの温風を当てる。
1〜3の部位がそれぞれ
じんわりと温かくなったら完了。

Memo

ドライヤーはどんなタイプでもOK。体から10cmくらい離して、熱すぎない距離を保ちながら、紹介しているツボのあたりやお腹を温風で温めましょう。

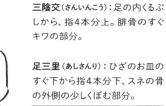

座ったままで血流促進①

お尻のストレッチ

STEP 1

椅子に浅く座った状態で背筋を伸ばし
（骨盤を立てるイメージ）、
片足を反対の脚のひざに乗せる。

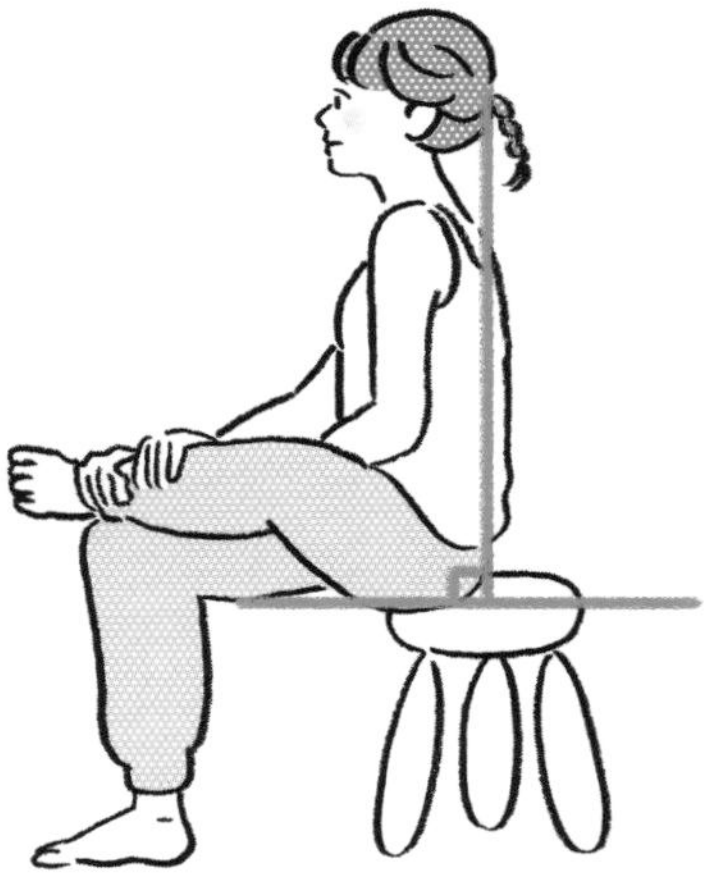

STEP 2

ひざとくるぶしを手のひらで軽く押さえて、
背筋を伸ばしたまま上半身を前に傾ける。
ゆったりと呼吸しながら、
上半身を前後に軽く揺らす。
反対の脚も同様に。

Memo

お尻あたりが伸びていることを確認しながら行いましょう。上半身を揺らすのではなく、イタ気持ちいいくらいの角度で止めてキープでもOK。

座ったままで血流促進②

もも裏のストレッチ

STEP 1

椅子に浅く座って、背筋を伸ばす。
片脚を前に出して、足の裏を床につける。

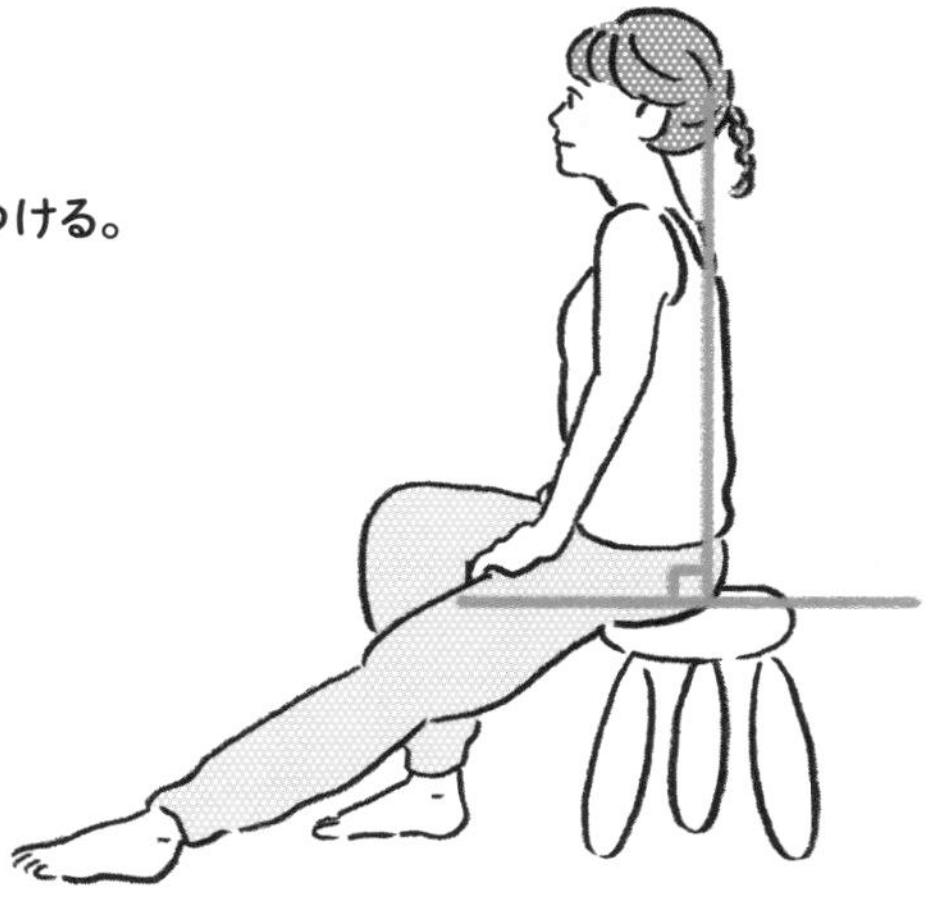

STEP 2

手は太もものつけ根あたりに置き、
背筋を伸ばしたまま上半身を前に倒す。
ゆったりと呼吸をしながらしばらくキープ。
反対の脚も同様に。

Memo

イタ気持ちいいくらいのところで上半身を止めたままキープしましょう。さらにしっかり伸ばしたい人は、伸ばした足のつま先を上げると、より伸びて◎。

体調を細かく観察して体からのサインに対処しよう

ボディラインの変化には敏感でも、体調についてはどうですか。ぜひ「今どんな状態かな？」と意識を向ける時間を増やしてみてください。自分の気持ちや感覚に気づいていくのと同じで、体との付き合い方が深まりますし、体の傾向もわかってきます。

私はお通じを毎日観察していますが、それも前の日に何を食べたかとか、その日の体調によって色や状態が違います。

生理に伴う症状も、毎月、毎日違いますよね。**漠然と「生理痛がツラい」ととらえるだけじゃなくて、もうちょっと細かく分けて観察**してみましょう。

右側が痛いのか、左側が痛いのか、全体に重だるいのか、1か所が鋭く痛いのか。先月は油っこいものをたくさん食べちゃったけど、今月は甘いものが欲しいな、など**細かく観察してメモしておくと、「毎回違うんだな」ということや自分の傾向がわかってきます**。生理中はいつも体重がちょっと増える、という人もいると思います。

〝どう痛いのか？〟などに気づけると、「鎮痛剤を飲めばいいや」という選択だけではなく、「温めてみよう」「今月はひどいから早く寝たほうがいい」「甘いものが欲しいからハチミツ入れよう」と、自分なりの予防やケアまで考えられるようになってきます。もし生理期間中に体重が１kg増えていても、「これは今生理中だから。自然なこと」と受け入れやすくなります。そうやって**自分の体との付き合い方を覚えていくことが、やせやすい健康的な体をつくることにもつながる**のです。

寝起きも体調の変化を感じやすいタイミングです。いつもより寝起きがだるい、食欲がないといった場合は、**ここ1～2週間の生活を振り返ってみましょう**。夜ふかしが多かった、食事の時間が不規則だったなど、思い当たることがあったら、まずはそれをやめてみて、寝起きの体調がどう変化するか確認してください。

体調の観察を続けると、**自分のパターンがわかってきたり、「前と違うかも？」という〝変化〟に気づきやすくなります**。ボディケアの効果も実感しやすくなり、「むくみが減った！　じゃあ明日も続けよう」と、やる気アップになりますよ。

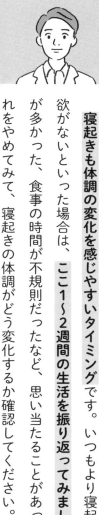

「大変そう……」と感じたらボディケアは休んでもいい

この章でご紹介したボディケアを見て、**「やってみよう！」と思えないときは、やらなくてOK**です。無理にやる気を出そうとする必要はないんです。私も毎日念入りにボディケアを行っているわけではありません。

日によってできることは違うのが当たり前なので、**その日にできることを考えたり、できそうなことの選択肢をたくさん持っておくことが大事**です。

「大変そう……」「見るだけでしんどい」と感じるなら、ほかに「こっちならできそう」と思えることがあれば、それをやってみてもいいですし、もしかしたら今は〝ただ休むこと〟が必要なのかもしれません。

気持ちも体力も落ちているのなら、〝休むこと〟〝ゆっくりすること〟こそが、今のあなたにとって大切なセルフケア。それは、がんばってない、何もしていない、のではなく、自分のために休むことが〝できた〟ということなんです。

休むこと、ゆっくりすることが必要だと気づいて、体と心のためにそれを選択できた自分に「できたね」と伝えてあげてください。

音楽と一緒にストレッチやワークアウトを行えるものや、自分が今ここにある感覚に気づいていける瞑想ガイドなど、ユーチューブなら無料で観られるものもたくさんあるので、私もよく活用しています。自分が心地よかったり、楽しくできるものを探してみるのもおすすめです。

また、私たちは周りのさまざまなことの影響を受けたり、体や心のバランスを調整するために、変化し続けています。ですから、常に一定ではなく波がある、ということを前提にしたうえで、今のコンディションも尊重しながら、できることを選択していってみてください。

だから、「どうしても気が乗らない」という日は、お休みというケアを選択しましょう。マッサージやストレッチはしなかったけど、「食事はこんなふうにできた」「友達に話を聞いてもらって、すっきりした」、というのも大事なセルフケアです。

そうやって少しずつ自分のペースで変化していきながら、その日できそうなことをひとつからやってみる。そんなふうにして、ダイエットを継続していきましょう。

ボディケアは、
時間や回数にとらわれず、
“気持ちいい”
“気分が落ち着く”といった
感覚にも意識を向けながら
行いましょう。

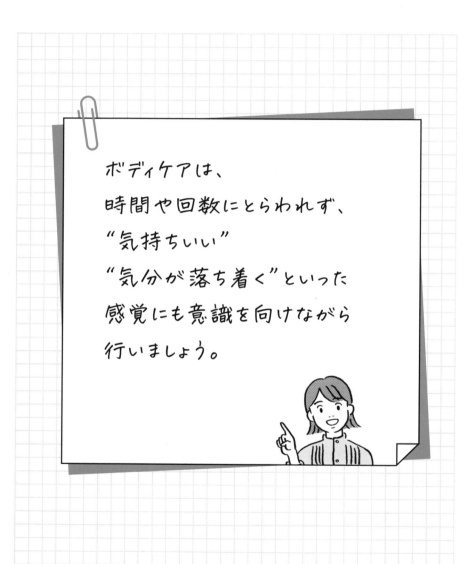

PART 5

第5章

日常生活
でできる
生きてるだけで
「やせる養生」

〝やせ習慣〟の実践で、生きてるだけでやせる毎日を

本島　5章では、普段の生活の中でもできる〝やせ習慣〟をご紹介します。食事やボディケア以外にも、日々できることはたくさんあります。

櫻井　当たり前のようにやっている習慣をちょっと変えることで、ダイエットにつなげる。そのアイデアに、僕はなるほど〜と驚かされました。本島さんが実際に実践されてきた内容ばかりなので、説得力がありますね。

本島　ちっちゃなことばかりなんですが、積み重ねてきました（笑）。でも、大きな変化じゃなく、小さなことだからやれたし、続けられているんだと思います。

櫻井　本当にそうですね。〝毎日1時間運動する〟なんて目標を立てても、運動が嫌いな人は続きません。それなら、今すぐ肩を10回だけ回そう、座ったままでかかと上げを10回しよう、のほうが続けやすいですもんね。

本島 はい。今、日常的にやっていることをちょこっと変えてみることが、長期的に見ると大きな変化につながります。私が理想としているのは、がんばってダイエットしなくても、生きてるだけでやせる生活。それには、お風呂に入ることや睡眠も欠かせませんよね。

櫻井 はい、シャワーよりも、湯船に浸かって体を温めてほしい。そして睡眠は、ダイエットのためにも健康のためにも本当に重要です。〝太る・やせる〟と睡眠は関係しているんだ、ということを知っていただきたいですね。

本島 そうですよね。〝睡眠不足はよくない〟〝寝ないとお肌が荒れちゃう〟と知っていても、それが今の体調や体型につながっていると腹落ちして理解できるまで時間がかかりました。睡眠を何よりも大切にするのが、健康にやせるカギです。

櫻井 毎日歯磨きをするのと同じように、これからご紹介するどれかひとつでもいいので、みなさんの生活の中の新しい習慣にしてください。

本島 〝今できることをやってみる〟をずっと続けることで、結果、自然にやせていきます！ ゆるく続けて、太りにくい健康的な体を目指しましょう。

ゆるい〝運動〟をプラスして いつもの行動を〝やせ習慣〟にチェンジ

私たちが生きていく中で、毎日当たり前のように繰り返している行動って、いくつもありますよね。歯磨きもそうですし、掃除や洗濯といった家事をしたり、椅子に座ってテレビを観たり。私が提案したいのは、そういった**日常の習慣に〝運動〟をプラスして、〝やせ習慣〟にする**ことです。

〝運動〟という言葉に、即「ヤダ〜」と拒否反応を覚えた方もいらっしゃるかもしれません。そういう方は、やせるための運動＝ハードなもの、という固定観念がないでしょうか？　大丈夫、ハードな運動をしなくても変化していけます。具体的にはこのあとご紹介しますが、〝かばんの持ち方を変える〟だけでも、普段使われない筋肉を使うことができて、日常の動作が運動になります。**日常のさまざまな行動に〝ながら〟でできる動きをプラスすれば、それは運動に変わり、続ければ立派な〝やせ習慣〟**です。

まずは、〝運動〟という言葉でイメージするものに、もっとゆるいものも加えてみてください。運動に関しても、自分の「好き」「楽しい」を優先して選ぶのが続けていくコツ。最近は、動画やゲーム感覚で楽しく動けるものがたくさんあるので、どんどん利用して、自分がワクワクしながら体を動かせるものを探してみてください。

ダンスエクササイズが流行ったように、**〝楽しさ〟があるかどうかで、動きたくなるかならないか、がかなり変わります**。一方でインストラクターさんが厳しい言葉をかけるようなエクササイズもありますね。もちろん好みで選べばいいのですが、自分を追い込むものよりも、心地よく楽しく動けるもののほうが、私には合っていました。

また、〝やせ習慣〟を身につけたくても、「毎日続けるのが難しい、つい忘れちゃう……」という方も多いと思います。私自身、忘れっぽいのが悩みのひとつ。

その場合は、「忘れない私になろう」と決意してがんばるのではなく、玄関の目につきやすいところにメモを貼ったり、スマホのアラーム機能を使って、定期的に〝バッグの持ち方〟〝姿勢〟などのキーワードが表示されるようにしてみましょう。

〝忘れてしまうこと〟を変えようとするよりも、〝忘れちゃう私〟を前提に、付き合い方を工夫して〝どうすれば思い出せるか〟の手数を増やしておく。今はスマホなどのアプリや役立つツールもたくさんあるので、それをどんどん活用してみましょう。

かばんの持ち方を変えるだけで美姿勢に

通勤・通学・買い物、どんなときにもできる〝やせ習慣〟は、かばんの持ち方を変えること。かばんや買い物袋を手でさげて持つとき、手のひらを体の側へ向けるのではなく、腕をくるっと外側に回して、手のひらが正面を向くようにして持ちましょう。それだけで胸がしっかり開き、肩甲骨も内側に寄るので、**巻き肩や猫背が矯正されて、自然ときれいな姿勢に。二の腕のサイズダウンも期待できます。**

　また、かばんを肩にかけて移動することが多い方は、いつも同じ側で持つのではなく、逆側でも持つようにすると、体の歪みを防げます。

自宅ですぐできる簡単〝やせ習慣〟

〝ながら〟でできる動きをプラスするだけで、どんな行動も〝やせ習慣〟に変わります。全部やろうと思わなくていいので、どれかひとつだけ今やってみると、「意外とできる！」と感じるかもしれません。私が自宅でやっている〝やせ習慣〟の代表的なものは、こんな感じです。

● **歯磨きしながら**：おへその下を意識してお腹を凹ませながら立つ／片脚立ちして体幹を鍛える／足を肩幅に開いて上半身は動かさず、腰をクルクル回す など

● **掃除・洗濯をしながら**：掃除機をかけるときは、腰をぐっと落として、足を前後に大きく開く／ふき掃除は、肩甲骨が動くように腕を前後左右に大きく振る／洗濯物をカゴから取り出すときは、その都度深くしゃがんで立つを繰り返す など

● **テレビを観ながら**：両手の指先を肩に置き、ひじを胸の前から背中側に大きく回して、肩甲骨を動かす／座ったまま両足をそろえて浮かし、床と平行に伸ばしてキープ／あお向けに寝転んでひざを曲げ、かかとで太もものあたりを蹴ってほぐす など

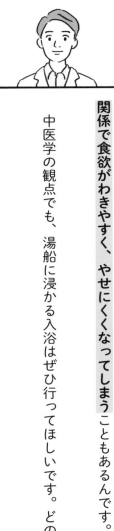

血の巡りを促して冷えを撃退！ やせたいならシャワーより湯船に

お風呂に浸かることは、やせたい人には今日からすぐできる、とてもおすすめの習慣です。なぜならシャワーだけですませるより、全身を温める効果が格段に高いから。〝冷え〟がやせるためにも健康のためにもよくないのは、ご存じだと思います。

私もひとり暮らしの頃はお湯をためるのが面倒で、ついシャワーだけにしてしまう日が多かったのですが、冷えもむくみも取れないし、やせづらい感じがしました。

また実は、お風呂に浸かることは睡眠とも密接に関係します。お風呂で体を温めておくと、その後、熱を逃しながら副交感神経が優位になるので、体がリラックスモードになって睡眠の質が上がります。**睡眠の質が下がると疲れやすくなり、ホルモンの関係で食欲がわきやすく、やせにくくなってしまう**こともあるんです。

中医学の観点でも、湯船に浸かる入浴はぜひ行ってほしいです。どのタイプの人にも必要なのですが、**とくにドロドロさんタイプはぜひお風呂に浸かってください。**

ドロドロさんタイプの人は瘀血《おけつ》といって血の巡りが悪い体質なのですが、血は油に似た性質のもので、冷えると流れが悪くなってしまいます。ですから、**入浴で体を温めて血が巡りやすい状態にすることが欠かせない**のです。湯船に浸かると体に水圧がかかるので、それによっても血の巡りが促進できます。

近年の夏は強い冷房や冷たい飲食物などの影響で、体が冷えて血の巡りが悪くなりがちです。**夏でもお風呂に浸かることを習慣にすると、やせやすい体になります。**

シャワーだけの日が多い方は、バスタブの中でシャワーを浴びる方法をお試しください。バスタブに栓をしてシャワーを浴び、そのまま髪や体を洗います。その間にお湯がたまるので自動的に脚がお湯に浸かるし、ちょっと座ればお尻や腰も浸かれる。髪や体を洗い流したお湯に浸かることになりはしますが、あがるときにシャワーで洗い流せば問題ありません。**シャワーを浴びる際は、前かがみになるのではなく、胸を開いて上を向いて浴びる**といいですよ。髪を洗うときは、シャワーヘッドを高い位置にセットし、シャワーを背にした状態で、天井を向いて髪を洗う。自然と胸が開き、呼吸が深くなってリラックスできますし、首や二の腕のストレッチにもなります。

バスタイムは何よりリラックスを優先

私が実際に行っている入浴のポイントをご紹介します。お風呂にはスマホは持ち込まず、とにかく体も心もリラックスさせることを意識しています。

【温度】 熱すぎない、40〜41℃が目安。肩までしっかり浸かって、全身を温めます。

【湯船に浸かる時間】 10〜15分くらい。余裕のあるときはもう少し長風呂もします。

【リラックスの工夫1：タイプの違う入浴剤】 バスソルト、バスオイル、発泡タブレット、クレイ（泥）などの入浴剤を用意し、気分や体調に合わせて選んでいます。

【リラックスの工夫2：いい香りのボディケア用品】 深い呼吸を促すためにも、シャンプー、コンディショナー、ボディソープは上質で天然成分由来の香りのものを使うことが多いです。

【リラックスの工夫3：癒やしアイテム】 マンガや本を読んだり、スピーカーで音楽や自然の音、気持ちがなごむ音声メディアを聴くことも。とくに気が張っていて疲れた日には、お風呂の照明は消してキャンドル1個を灯して入ります。

タイプ別のおすすめ入浴剤

グッタリさん

お湯の表面がアワアワになるバブルバスがおすすめ。お布団に入っているような気分にもなり安心感が高まります。発汗系や排出を促す効果のある入浴剤は負担になる場合もあるので、疲れているときは避けて。

ピリピリさん

バスソルト、エプソムソルト、クレイなどで、好みの香りでリラックスできるものを選べば、気の巡りがよくなります。短時間で体を温める効果の高いものをチョイスして、固まっている首や肩の筋肉もゆるめましょう。

モッタリさん

溜まっているものが多いので、少し発汗を促す入浴剤を。毛穴から出る皮脂汚れなどを吸着して排出してくれるクレイ（泥）を入れ、効果をアップしたいときは塩もプラス！ 長く続く保温効果で、心地よく発汗できます。

ドロドロさん

基本的にどんな入浴剤でもOK！ 温泉成分をそのまま採取している湯の花や、赤〜黒っぽい色の岩塩など、とくにミネラル分の豊富なものは、その温泉の効能をそのまま体感したり、血流アップも期待できるのでおすすめ。

睡眠不足はダイエットの大敵！寝れば食欲も抑えられる

ちゃんと寝ないと、やせません。中医学の考え方では、**睡眠が不足すると太るのはもちろん、寝ないと体の機能が回復せず、さまざまな不調の原因になる**と考えます。毎日のように睡眠不足が続いていれば、気血水のバランスが乱れ、体の各部位の機能、働きが悪くなっていくので、結果的に太ることにもなるし、そのままの状態が続けば体調も悪くなり、心身の病気にもつながります。

寝不足で頭がぼーっとするというのは多くの方が経験していると思いますが、**イライラしやすくなったり、不安感が増したりと、メンタル面でも悪影響が出る**のです。

「週末に寝だめをしています」という方もいますが、**〝寝だめしたから、毎日しっかり睡眠をとったのと同じ〟にはなりません**。仮に週末に長時間眠っても、それだけでは体の修復作業が完全には行えないからです。平日にもう少し睡眠時間を増やす方法はないか、どうすればもう少しだけ早い時間に寝られるか、を考えていきましょう。

私も昔は、寝ることが大事というのはなんとなく知っていても、ほかにもやりたいこと・やらなきゃいけないことがあると、睡眠時間を削っていました。でも、体について勉強したり専門家のお話を聞く中で、ダイエットにも美容にも、どんなサプリを飲むよりもまずは睡眠が大事、ということがわかって、優先順位が変わりました。

「寝ないと太るの？」と疑問に思われるかもしれませんが、太りやすくなります。**睡眠不足だと食欲を抑制するホルモンが減って、食欲を増進するホルモンが増えてしまう**ことが理由のひとつです。寝不足のときほど満腹感を感じにくくて、たくさん食べたくなっちゃうんです。そんなの困りますよね。

また、睡眠は自律神経の働きにも関わっていて、眠っているときは副交感神経が優位になります。腸は基本的に、副交感神経が優位な状態のときによく活動するので、**眠っている間に消化吸収や代謝の活動をしてくれている**んです。その時間が足りないと消化吸収がうまくいかないので、便秘の原因にもなります。それが続けば、やっぱり太っていきます。

逆に言えば、**寝るだけでやせる**ってことです。それなら寝ないと損ですよね。私もまだまだ睡眠の質を上げていきたいなと、日々工夫しているところです。

〝睡眠時間〟より〝就寝時間〟が重要

じゃあ、やせるためには何時間寝ればいいの？　と思うかもしれませんが、人によって必要な睡眠時間は異なります。でも、万人に共通するのは、**やせたい、健康になりたいなら、23時から3時の間はぐっすり寝ましょう**、ということです。

中医学では、体の中の臓器や機能それぞれが1日の中で活性化する時間が決まっている、とされています。それをもとに考えると、**23時から3時の間に寝て体を休ませていないと、血が不足したり、血の質が悪くなったりする**のです。

血が足りなくなれば、メンタルが不安定になります。汚れたドロドロの血が全身を巡ることになれば、肌がくすんだり、肩こりや腰痛などが起こります。胃腸の調子も悪くなるので、体にとっての不要物を排出できなくなり、体質がモッタリさん、ドロドロさんタイプに傾いて、太ってしまうのです。

ですから、やせたいなら早く寝ましょう。**いきなり1時間早く寝ようと思うと挫折するので、いつもより〝10分でも早く寝る〟を目標**にしてみてください。

自然のリズムに合わせて照明の調整を

スムーズに眠りに入るためには光がとても重要です。自然界では太陽が沈めば真っ暗になりますね。人間も自然の一部なので、そのリズムに近づけたほうが寝つきやすくなります。寝つきが悪くて悩んでいる方は、**朝に太陽を浴びて深呼吸し、夕食後は間接照明のオレンジ色の光だけにして徐々に暗くしていくと、眠りやすくなります。**

白い光や青い光というのは脳を覚醒に導く光です。眠る直前までずっと灯りをつけていて、寝るときだけパチッと消すことが多いと思いますが、就寝時間に向けて徐々に暗くしていくと自然な眠気を誘います。

ということは当然、**スマホやタブレットなどのブルーライトは、安眠を妨げる光**です。光自体が目を刺激して、脳を覚醒させますし、ＳＮＳなどを見ているとエンドレスになって夜ふかししがちです。でも、夜にスマホやパソコンをまったく見ない、というのも難しいですよね。少なくとも眠る直前まで見る習慣はやめて、寝室には持ち込まない、もしくは、映像は見ないで音声だけ聴くようにするといいですよ。

枕の高さ、パジャマの素材にこだわろう

ぐっすり眠るため、睡眠の質を上げるために、枕の素材や高さにこだわることもおすすめです。私もある時期に、高さと素材を選んでオーダーしたのですが、そのとき測ってもらってはじめて「こんなに低い枕でいいんだ」ということがわかりました。頸椎《けいつい》（首の骨）のカーブは人によってかなり差があるので、**きちんと測定してもらえるところで自分に合った枕を探すこともおすすめ**です。また、私は頭に熱がこもらないように、通気性のよい素材のものにしています。横幅は頭の2・5倍くらいはあるものを選ぶと、寝返りが打ちやすいです。

快適な睡眠のためには、パジャマの素材もポイント。夏は吸湿性、冬は保湿性に優れたものがいいですね。とくに肌が弱い人やお子さんは**化学繊維を避けて、綿や麻、シルク、オーガニックコットンなどのパジャマを選ぶ**とより心地よく寝られるはず。形状は、タイトではなくゆったりしたシルエットのものを。フードがついていたり、ゴムのきついものは、快適な睡眠の邪魔になってしまいます。

〝早く寝る〟ためにまず〝早く起きる〟

「できるだけ早く寝ましょう」と言われても、夜ふかしがクセになっている人は、せっかく布団に入ったのに寝られない……ということもあるかもしれませんね。その場合は、**〝早く寝る〟ではなく、〝早く起きる〟を試してみてください**。

数日間はちょっと睡眠不足気味になるのを覚悟して、いつもより1〜2時間早く起きてみる。起きてカーテンを開けて朝日を浴びてから、およそ14〜16時間経つと、体内時計に関係するメラトニンというホルモンが分泌され始め、徐々に眠くなるといわれています。早く起きれば、そのぶんいつもより眠気が早くやってくるはずです。

早起きがどうしても苦手という人は、あえて朝に予定を入れてみてはどうでしょう。早起きが楽しみになるように、おいしいモーニングが食べられるお店を探したり、会社に通う方の場合は、例えば出勤前に何か朝活をすると決めてみる。

起きざるをえない楽しみな状況をつくっておくことで、強制的に早起きをする↓夜自然と早めに眠気がやってくる、というサイクルをつくれますよ。

おわりに

このたびはこの本を手に取ってくださり、ありがとうございました。読みながら感じたそのままを、じわじわ大切にしてもらえたらうれしいです。

たくさんの〝セルフケア法〟をご紹介してきましたが、その言葉の意味について、最後にシェアさせてください。

すべての人に必要とされるセルフケアには、実は8つの意味が含まれています。

①十分な空気摂取の維持、②十分な水分摂取の維持、③十分な栄養摂取の維持、④排泄過程と排泄物に関するケアの提供、⑤活動と休息のバランスの維持、⑥孤独と社会的相互作用のバランスの維持、⑦人間の生命、機能、安寧に対する危険の予防、⑧人間の潜在能力、既知の能力制限、および正常でありたいという欲求に応じた、社会集団の中での人間の機能と発達の促進。【看護理論を提唱したオレム氏の説より】

少し難しいですが、要は栄養や運動だけでなく、心の健康や休息、社会的な活動や人との関わり、安全な暮らしなど、周りを取り巻くすべてのことが自分に影響していて、そのすべてのバランスによって自分の心身の健康が左右されるということ。8つ全部をがんばれ！　という話ではなく、日々のコンディションにはこのすべてが影響している、ということを理解することが大切なのだと思います。

ということは、ダラダラ過ごしたり、部屋のお掃除をしたり、疲れる人との距離を調整したり、何かに没頭して楽しんだり、これらすべてが実は心と体のためにやっているセルフケアになるのではないでしょうか。

万年ダイエッターだった頃の私は、今お伝えしたようなことと自分の現状がつながっているとは想像もつかず……、心と体の小さな反応にふたをして限界が来るまで走り続けていました。自分を後まわしにしがちで、仕事や人間関係でも同じように無意識に無理をして、暴食や体調不良（強制的に休息せざるをえない状況）になるという悪循環からなかなか抜け出せないでいました。同じように自分の状態が「わからない」ということがわかったときには、さまざまな専門家に頼ることも健全な選択です。取り組める範囲も人によって違うのは自然なこと。私がそうであるように、ひとりで解決しようとしなくていいということも忘れないでくださいね。

今回、中医学の専門家で普段からさまざまなクライアントに寄り添う櫻井さんとご一緒させてもらったからこそ、心と体を等しく大切に扱う一冊になったと感じています。この本に関わってくださった皆様はじめ、普段から発信を見てくださっている方、周りの友人家族たち、そしてあなたに、感謝を込めて。

おわりに

櫻井大典

最後まで読んでいただき、ありがとうございます。これまで中医学の専門家として、長年多くの方々の健康をサポートしてきました。その中で、多かった悩みのひとつがダイエットです。「食事を我慢してもやせない」「運動してもなかなか結果が出ない」など、ダイエットにはさまざまな苦労があります。しかし、それ以上にツラいのは、自分の体に自信が持てず、周りの目を気にしてしまうことではないでしょうか。

本書ではそんな方々に向けて、中医学の視点から体質に合わせた食べ方や心のととのえ方など、無理なく続けられるダイエット方法をわかりやすく紹介しています。

また本書では、ダイエット中によくある「食欲が抑えられない」「運動が続かない」といった悩みや、その解決策についても紹介しました。とくにそういったメンタル面の悩みの対策については、実際にご自身が試行錯誤しながらダイエットに成功された本島さんに、生活の中で実践しやすい具体的な方法を提案していただき、僕自身も「なるほど～」と納得することがとても多かったです。

ダイエットはひとりでがんばるのは大変ですし、一朝一夕に結果が出るものではありません。でも、自分の体質を知り、がんばらなくても続けられる方法を見つければ、必ず目標を達成できます。

僕が食べ過ぎ飲み過ぎで太っていたとき、中国の漢方医に、「食に対する感謝が足りない」と言われました。先生は「食べ物があなたの目の前にあるということは、考え出した人、作った人、運んだ人、さまざまな人の手によってそこにもたらされているのです。親やこの環境もそうです。すべてがあって今この瞬間があるんです。そして同時に世界には、日に一回の食事ですら口にすることが困難な人たちがいます。それを忘れていませんか」とおっしゃいました。その瞬間、「あ、そうか……」と、雷に打たれたような気づきが自分の中に生まれました。小さい頃、親に言われていた「感謝して食べなさい」という言葉の意味をこのときはじめて実感を持って理解したのです。そこから無駄に食べることをやめました。必要量を感謝して食べるようにしたら、自ずと太るということが僕の中ではなくなりました。

この本には、すぐに実践できるさまざまな対策を載せています。その中にあなたにとって小さな気づきとなるものがあればいいなと思っています。ぜひ、ご自分に合う方法を見つけて、試してみてください。

最後に、本書を出版するにあたり、ご一緒した本島さん、関係者の皆様に、心から感謝申し上げます。本書が、あなたの健康的なダイエットのお役に立てば幸いです。

本島彩帆里（もとじま・さおり）

ダイエット・セルフケア美容家。心も体も不安定な万年ダイエッターから、カウンセリングや妊娠出産をきっかけに、心身とも健康的に20kgやせる。自身のダイエットや、痩身サロンでセラピストとしてさまざまな女性の悩みに寄り添いサポートをしてきた経験を活かし、ダイエットや美容情報、ライフスタイルを発信。自分とのパートナーシップを軸にした、無理のない心と体のセルフケアが幅広い層に支持されている。著書は累計43万部で、Instagramのフォロワー数は23万人を超える。自社でセルフケアブランドeume（イウミー）も手がけ、多様なプロダクトを通してできたことを増やす体験やメッセージを届けている。

Twitter（X）: @saoooori89
Instagram: @saoooori89
eume: https://eume.jp/

櫻井大典（さくらい・だいすけ）

漢方家。漢方コンサルタント。国際中医専門員。日本中医薬研究会会員。カリフォルニア州立大学で心理学や代替医療を学び、帰国後はイスクラ中医薬研修塾で中医学を学ぶ。中国の首都医科大学附属北京中医医院や雲南省中医医院での研修を修了し、国際中医専門員A級資格を取得。漢方薬局で働くようになり、学んだ中医学の食養生を実践してみたところ、1年で10kgやせて、その後リバウンドもしていない。これまでにのべ4万件以上の健康相談を受け、その人の体質に合わせた対処法をアドバイスしている。Twitterで発信されるやさしいメッセージと、簡単で実践しやすい養生法も人気で、フォロワー数は17万人を超える。

Twitter（X）: @PandaKanpo
Instagram: @pandakanpo
成城漢方たまり: https://tamarikanpo.com/

STAFF

ブックデザイン
木村由香利（986DESIGN）

イラスト
山中玲奈

写真
黒澤義教

編集協力
斎藤真知子
出雲安見子

校閲
フライス・バーン

DTP
グレン
アド・クレール

協力
エベリスト株式会社

10kgやせた漢方家と20kgやせた美容家が考えた
やる気1%から始める **やせる養生**

2023年8月15日　第1刷発行
2023年9月14日　第2刷発行

著　者　櫻井大典　本島彩帆里

発行人　土屋徹
編集人　滝口勝弘
編集担当　酒井靖宏

発行所　株式会社Gakken
〒141-8416 東京都品川区西五反田2-11-8
印刷所　大日本印刷株式会社

〇この本に関する各種お問い合わせ先
本の内容については、下記サイトのお問い合わせフォームよりお願いします。
https://www.corp-gakken.co.jp/contact/
在庫については　Tel:03-6431-1250（販売部）
不良品（落丁、乱丁）については　Tel:0570-000577
学研業務センター　〒354-0045 埼玉県入間郡三芳町上富279-1
上記以外のお問い合わせは　Tel:0570-056-710（学研グループ総合案内）

© Daisuke Sakurai , Saori Motojima 2023 Printed in Japan

本書の無断転載、複製、複写（コピー）、翻訳を禁じます。
本書を代行業者等の第三者に依頼してスキャンやデジタル化することは、たとえ個人や家庭内の利用であっても、著作権法上、認められておりません。

学研グループの書籍・雑誌についての新刊情報・詳細情報は下記をご覧ください。
学研出版サイト https://hon.gakken.jp/